向上管理

鞠佳 著

清华大学出版社
北京

本书封面贴有清华大学出版社防伪标签，无标签者不得销售。

版权所有，侵权必究。举报：010-62782989，beiqinquan@tup.tsinghua.edu.cn。

图书在版编目(CIP)数据

向上管理 / 鞠佳著. —北京：清华大学出版社，2019（2025.4重印）
ISBN 978-7-302-51256-1

Ⅰ.①向⋯ Ⅱ.①鞠⋯ Ⅲ.①管理学—通俗读物 Ⅳ.① C93-49

中国版本图书馆 CIP 数据核字(2018)第 212714 号

责任编辑：张立红
封面设计：冯亮亮
版式设计：方加青
责任校对：郭熙凤
责任印制：丛怀宇

出版发行：清华大学出版社
网　　址：https://www.tup.com.cn, https://www.wqxuetang.com
地　　址：北京清华大学学研大厦 A 座　　邮　编：100084
社 总 机：010-83470000　　邮　购：010-62786544
投稿与读者服务：010-62776969, c-service@tup.tsinghua.edu.cn
质 量 反 馈：010-62772015, zhiliang@tup.tsinghua.edu.cn

印 装 者：涿州市殷润文化传播有限公司
经　　销：全国新华书店
开　　本：148mm×210mm　　印　张：7.75　　字　数：149 千字
版　　次：2019 年 6 月第 1 版　　印　次：2025 年 4 月第 8 次印刷
定　　价：48.00 元

产品编号：080704-01

你的上司可以被管理

职场中，人人都有上司。

如何与上司相处，是每一个职场人必经的考验。

对于大多数职场人来说，在上司面前总会陷于被动，这是一个明显的痛点。

但其实，下属也能管理上司，有一门职场技术，称为"向上管理"。

要维护良好的上下级关系，并不只靠简单的"上司命令+下属执行"，更在于下属主动改善、制造机会，通过一些技巧，管理好上司的期望值、注意力、分寸感、关系度、角色定位等。这是一个共赢的过程，而不是单方面行为。

要说这事，古人早有妙招。三国时期的诸葛亮，是中国人心目中的"智圣"，与他的上司刘备堪称古代君臣的典范。他对刘备做的"向上管理"，绝招还不少呢。

绝招一：分步呈现。在与上司交流信息时，诸葛亮懂得轻重缓急，如何取舍，在恰当时间呈现恰当信息，大大提升了沟通效率。比如入职时做的《隆中对》方案汇报、管理项目"博望坡之战"所做的工作规划、荆州大战时的科学建议，都是绝佳案例。

绝招二：换位思考。在与上司发生矛盾冲突时，诸葛亮懂得换位思考，从对方的角度切入，难题就迎刃而解。比如他从刘备的角度实现了成功劝说，看清上司的价值观而前往东吴宣讲，又巧用人脑科学说服了甲方大老板孙权，这些都是他的成功案例。

绝招三：关系维护。在职场复杂的人事关系中，诸葛亮游刃有余，见招拆招，面对上司、同僚们迥异的性格，适时切换合作模式，维护好整个团队的关系。比如他巧妙地周旋于甲方领导之间、恰当地处理老员工关羽和张飞的关系、有分寸地保持与新干部庞统和法正的距离、获取关键下属张松从而赢得战略胜利，这些都体现了他对人际关系的精妙把握。

绝招四：主动出击。在遇到棘手的问题、缺乏有效渠道时，诸葛亮懂得制造机会、借力打力，出其不意地影响上司的决策。比如他借用吴国太的权力影响了甲方大老板孙权、借用群臣的合力影响了老领导刘备、利用冲突引起了新领导刘禅的关注，从而成功突破了个体的能力限制，实现了更高层面的影响力。

绝招五：角色定位。诸葛亮从职业生涯开始，就对自己有清晰的定位,找到合适的上司与平台,做出与之匹配的角色行为,从一个初出茅庐的小青年快速成为一国重臣。并且在其一生当中,他与不同的上级、同僚始终保持良好关系,甚至升华为朋友、知己,这项能力是古往今来最稀缺的。

今天的职场人,要搞定领导、管理上司,可以借鉴诸葛亮的智慧。

本书将五个绝招分五个章节来分别论述,请跟随诸葛亮的职场轨迹,开启"向上管理"的大门吧!

第一章　分步呈现：乱花渐欲迷人眼，告诉上司关键点

1. 懂得如何汇报，迅速抓住上司的心　/ 2
　　精彩呈现：《隆中对》里呈现的思路　/ 2
　　明确定位：上司的目标是什么　/ 4
　　分析现状：现实资源有什么　/ 6
　　解决问题：具体步骤如何实施　/ 9
　　书面呈现：可视化效果更显眼　/ 11
　　千年规律：历史名篇的表达逻辑　/ 12
　　职场实践：做好汇报的套路　/ 17

2. 从新手到熟手，自我呈现要分阶段　/ 18
　　新手困境：诸葛亮遭遇老同事的不满　/ 18
　　潜龙勿用：避免过早呈现太多信息　/ 19
　　见龙在田：呈现一些小成绩给上司看　/ 22
　　飞龙在天：保持和上司的紧密联系　/ 24
　　未雨绸缪：前期有积累才能应变　/ 26
　　流程呈现：5W1H 法则精准呈现　/ 29
　　最终成败：关键的一跳需要勇气　/ 31
　　职场实践：步步为营的套路　/ 34

3. 提建议有讲究，分层分级显智慧 / 35
下属困惑：上司需要什么样的员工 / 35
上中下策：分层次给出不同的建议 / 39
上司盲点：身在局中难以看清问题 / 42
千年规律：《汉书》《新唐书》中的套路 / 45
优势好处："三条建议"为什么好 / 46
职场实践：提"三条建议"的模板 / 49

第二章　换位思考：横看成岭侧成峰，换个姿势更轻松

1. 看清逻辑前提，分分钟改变上司 / 52
两种结局：孔融被杀，文聘受奖 / 52
逻辑链条：语言交流背后的模式 / 55
失败案例：诸葛亮也没能说服刘备 / 58
说服模型：张辽如何转变关羽的思想 / 60
转变策略：诸葛亮成功影响了上司 / 65
职场实践：逻辑链"四步法"模板 / 66

2. 看清了价值观，才能高效匹配上司 / 67
劝谏无效：没站在上司角度考虑 / 67
关于what：上司最关心什么 / 68
关于why：上司为什么这样想 / 70
关于how：上司的表现有哪些 / 71
迎刃而解：了解价值观的前提下做改变 / 73
助力上司："舌战群儒"品牌宣传活动 / 75
职场实践：一步步挖掘上司所想 / 78

3. 人性规律一样，巧用脑，科学说服 / 79
纠结心理：大老板孙权正举棋不定 / 79
三位一体：诸葛亮也懂人脑科学 / 80
本能需求：首先刺激趋利避害的本能脑 / 83
情绪体验：然后激发喜怒哀乐的情感脑 / 85
理性分析：最后引导逻辑思考的理性脑 / 87
再次强化：周瑜使用了同样的方法 / 89
职场实践：三步法需要考虑的因素 / 92

第三章　关系维护：天下何人不识君，只要满足人之需

1. 让对方需要你，是最好的职场关系 / 96
实力悬殊：强势员工 vs 弱势员工 / 96
关系法则：能解决痛点才有关系依赖 / 97
三段论述：重新回到 Why—What—How / 100
满足需要：曹操为何愿意相信黄盖 / 102
重视程度：间谍依然获得秦王的重视 / 107
职场实践：维护职场关系的模板 / 110

2. 面对不同个性，懂得切换相处模式 / 110
四色性格：职场相处的不同境遇 / 110
蓝色性格：心思缜密的谋略家 / 112
红色性格：情感直率的直肠子 / 115
黄色性格：坚毅执拗的自恋者 / 119
绿色性格：平和不争的支持者 / 126
职场实践：不同性格的相处应用 / 129

3. 成为关键人，上司也得有求于你 / 130

关键下属：掌握关键环节有影响力的人 / 130

明智决定：遇见刘备式领导就别放过 / 132

关键岗位：那些具有特殊影响的角色 / 134

跟班和秘书：具有领导延伸权力的下属 / 135

特殊职能：具有部门延伸权力的下属 / 138

争取对象：能影响全局形势的下属 / 142

职场实践：梳理公司里的关键角色 / 146

第四章　主动出击：醉翁之意不在酒，借力打力是高手

1. 利用适当冲突，管理上司的注意力 / 150

不受重视：下属普遍面临的境遇 / 150

欲扬先抑：庞统吸引领导看过来 / 152

印象力模型：三步让上司记住你 / 154

套路之王：心机男的职场表演 / 157

失败案例：张松制造冲突适得其反 / 161

职场实践：主动出击的注意事项 / 165

2. 搞定更上一级，借力上司的上司 / 166

被动地位：上司的软肋在哪里 / 166

紧抱大腿：得到"更上级"的庇护 / 167

权力延伸：代表"更上级"行使权力 / 171

谨慎处理：借力"更上级"有风险 / 175

六大原则：面对两个层级领导的分寸 / 176

职场实践：应景的工作案例分析 / 179

3. **利用团队力量，共同影响上司决策** / 181
   下属联合：上司面对一群人也没辙 / 181
   利益交集：下属们的合力关键因素 / 183
   领导本质：由群体的下属合力决定 / 186
   千年套路：历朝历代下属们都抱团 / 188
   职场实践：团队影响力的思考要素 / 189

第五章 角色定位：要识庐山真面目，提高职业匹配度

1. **做好生涯规划，才会有合适的职业发展** / 192
   不同抉择：诸葛亮与他的同学们 / 192
   三叶草理论：兴趣—能力—价值联动 / 194
   失败案例：没能获得突破的典型 / 195
   兴趣不大：可以考虑职业转型 / 197
   能力不够：努力提升业务水平 / 199
   价值不高：蛰伏隐忍等待时运 / 202
   职场实践：我目前的职业状态如何 / 204

2. **达成合作关系：共赢互利才有持续发展** / 205
   双方需要：你好我好大家好 / 205
   有效执行：让自己变成上司的手脚 / 206
   能力互补：独有的才干弥补上司的需要 / 209
   资源链接：自带资源与上司合作 / 211
   荣辱与共：价值情感利益的绑定 / 213
   职场实践：分析自己在哪一个层次 / 215

3. 特殊手段：老司机都不会说的方式 / 216
　　做挡箭牌：冲在前面替领导挡刀 / 216
　　演一场戏：看破领导心思但不点破 / 221
　　投其所好：保持和领导一致的兴趣 / 225
　　斩断能力：用自废武功的方式表忠诚 / 227
　　最大套路：还是真诚最得人心 / 229
　　职场实践：回顾所有的套路 / 233

参考书目 / 235

第一章

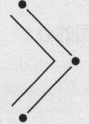

分步呈现：乱花渐欲迷人眼，告诉上司关键点

工作中，信息往往是繁杂的，不要一股脑地呈现给上司，避免"信息消化不良"。一定要把繁杂的信息加工整理，突出关键点，分步、有序地呈现出来，让上司、同事"易于吸收"，从而认可你。

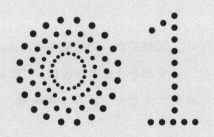

1. 懂得如何汇报，迅速抓住上司的心

精彩呈现：《隆中对》里呈现的思路

公元 207 年，湖北襄阳隆中山的茅屋里。

年轻的诸葛亮初入职场，要向刘备总裁做一场方案汇报，这是他职业生涯的第一次表现。

刘备是全国的知名领袖，名声大，人气高，与他打交道的都是各界的巨头；而诸葛亮很年轻，并无工作经验，之前只是闲居在老家，写写文章。

27 岁的诸葛亮能否让 47 岁的老江湖刘备眼前一亮呢？

这次汇报的主题叫《隆中对》，当时两人面谈的过程，被记录了下来。《三国演义》是这样记述的。

孔明笑曰："愿闻将军之志。"

玄德屏人促席而告曰："汉室倾颓，奸臣窃命，备不量力，欲伸大义于天下，而智术浅短，迄无所就。惟先生开其愚而拯

其厄,实为万幸!"

孔明曰:"自董卓造逆以来,天下豪杰并起。曹操势不及袁绍,而竟能克绍者,非惟天时,抑亦人谋也。今操已拥百万之众,挟天子以令诸侯,此诚不可与争锋。孙权据有江东,已历三世,国险而民附,此可用为援而不可图也。荆州北据汉、沔,利尽南海,东连吴会,西通巴、蜀,此用武之地,非其主不能守;是殆天所以资将军,将军岂有意乎?益州险塞,沃野千里,天府之国,高祖因之以成帝业;今刘璋暗弱,民殷国富,而不知存恤,智能之士,思得明君。将军既帝室之胄,信义著于四海,总揽英雄,思贤如渴,若跨有荆、益,保其岩阻,西和诸戎,南抚彝、越,外结孙权,内修政理;待天下有变,则命一上将将荆州之兵以向宛、洛,将军身率益州之众以出秦川,百姓有不箪食壶浆以迎将军者乎?诚如是,则大业可成,汉室可兴矣。此亮所以为将军谋者也。惟将军图之。"[1]

通过这次汇报,诸葛亮展现了他精湛的推理能力,乃至第二天,刘备就对其予以重用,聘他做总裁副手,还发出一句流传千古的赞叹:"我得诸葛亮,如鱼得水也!"

诸葛亮,很好地抓住汇报的机会,让上司看到他的思考力,这是职业生涯成功的开端。

这个方案背后有何套路呢?我们来一观究竟。

明确定位：上司的目标是什么

《隆中对》的对话，是工作汇报的一个经典案例。

通观全文会发现，诸葛亮采用的是"why—what—how"的三步法：为什么、是什么、怎么做。

第一步，诸葛亮要弄清楚"为什么"：上司为什么要做这件事？

孔明笑曰："愿闻将军之志。"

只有先搞清楚上司的出发点，才知道方案该怎么写。

刘备说出了原因：因为汉朝衰落了，天下大乱，旧有规则失效，原有格局被打破，我是皇室成员之一，要伸张大义，让天下恢复太平。

汉室倾颓，奸臣窃命，备不量力，欲伸大义于天下。

具体的目标是什么？

欲伸大义于天下。

刘备的目标是：为了恢复天下太平。

同样是在三国，有人搞清楚了目标，有人却搞不清楚，差别是巨大的：比如三国的第一猛将吕布，业务能力很强，但不知"为何而战"，谁给他的好处多，他就投靠谁，最终被曹操消灭了。而曹操知道"为何而战"，打仗只是手段，为实现统一天下的目的，他步步为营，最终以弱胜强，打败了原霸主袁绍。

诸葛亮通过询问，确定了刘备的目标是"恢复天下太平"，他注意到，"天下"这个词是目标的具体定位。

初入职场时，有的员工还没搞清领导意图，就急着做方案，结果到汇报时，发现根本不是那回事，领导不满意，对你的印象也大打折扣。

来看看，如果上司的目标定位不同，诸葛亮做出的方案会一样吗？

A 定位：守住目前拥有的荆州地区，不被曹操夺取。

B 定位：控制整个长江以南，与北方曹操抗衡。

C 定位：匡扶刘姓的江山，消灭曹操，一统天下。

如果是 A 定位，方案就该聚焦在本地小范围的资源。

如果是 B 定位，方案就要涵盖长江以南的所有资源。

而如果是 C 定位，那么就要从全国局势来通盘考虑了。

磨刀不误砍柴工，清楚定位后，才能围绕领导的核心诉求进行阐述。

刘备的定位，是 C 选项。诸葛亮就围绕着"天下"这个核心诉求，提供解决办法。

为什么这个目标可行呢？

事实上，刘备的事业处于低谷，在南方只有一小块市场，北方已经是曹操的天下了，根本没法抗衡。自己弱，敌人强，怎么办？

所以，诸葛亮构建了一个逻辑自洽的前提。

天下豪杰并起，曹操势不及袁绍，而竟能克绍者，非惟天时，抑亦人谋也。

意思是说：刘总您看，在如今这个英雄辈出的时代，就有一个"以弱胜强"的成功案例啊——当初曹操弱小，实力不及袁绍，却打败了他，所以竞争并不一定看当前实力，而是靠战略谋划。

这个事实很有说服力：因为曹操有成功经验，所以咱们也可以效仿。

就像今天竞争激烈的时代，很多传统巨头貌似强大，其实已经落伍；而有的互联网公司，虽然起步时弱小，但开创新的模式，迅速崛起，打败了对手。

刘备团队也像是一家新兴公司，麻雀虽小，五脏俱全，有关羽、张飞、赵云、诸葛亮，人才济济，凝聚力、战斗力很强。

捋清了"为什么要立此目标""什么目标可行"的问题，接下来，就是分析现实情况了。

分析现状：现实资源有什么

第二步，是 what 的问题。要向领导阐述：实现目标的资源有什么？

诸葛亮对 what 进行了具体阐述：刘总您看啊，现实情况是这样的，我把资源分为三类，第一类对我们不利，第二类可以合作，第三类是能够拿下的。我们扬长避短，寻找优势，避开劣势，就能趁势而起。

诸葛亮将现实资源分为三类。

A. 要避开的对手：北方曹操（拥百万之众，不可与争锋）

B. 可合作的伙伴：东方孙权（已历三世，可用为援而不可图）

C. 要拿下的资源：南方荆州、西方益州（刘表不能守，刘璋暗弱）

A 类、B 类资源都不是我们的，只可加以利用，只有 C 类资源才是我们能拥有的。

并且，方案中还详细说明，C 类资源的价值是什么。

A. 荆州：天下的枢纽，能控制各方的交通要道（北据汉沔，利尽南海，东连吴会，西通巴蜀，此用武之地）

B. 益州：资源很丰富，粮食基础扎实，且有成功的先例（沃野千里，天府之国，高祖因之以成帝业）

你看，这样分类阐述，让上司一目了然：哪些是要避开的，哪些是可以合作的，哪些是该争取的，争取的价值是什么，等等。

在职场中，不少人的表达就缺乏诸葛亮这样的清晰逻辑，东说一句，西说一句，每个要素之间的逻辑关系也混乱，虽言之凿凿，可上司昏昏然，听不到重点，效果大打折扣。

分步、分类呈现，诸葛亮这一点做得很好，能够让对方一目了然。

如果把上面那段论述画成思维导图，如图 1-1 所示。

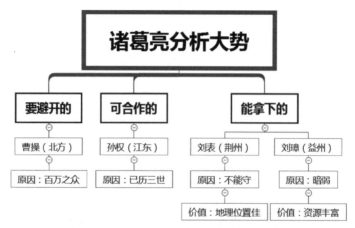

图 1-1　思维导图

整个三国后来的局势，基本是按照这个分析发展的。刘备果然与孙权结盟，共同抗衡曹操，争夺荆州和益州。三国故事也都在这几方之间展开。

不得不说，诸葛亮初入职场，就已经看到了风口，摸准了痛点。

最重要的是他做了清晰分类，很好地呈现，让上司一目了然。

这样的下属，上司怎能不喜欢呢？

解决问题：具体步骤如何实施

确定了目标，分析了资源，最后要输出解决方案，也就是 how 的问题。

第三步，怎么做？这是最关键的。

在方案中，诸葛亮给出了具体的步骤，分为三个阶段。

第一阶段：获取有利资源（横跨荆、益）

（1）占领荆州，作为革命根据地（先取荆州为家）

（2）占领益州，获得丰富的资源（后取西川建基业）

第二阶段：形成稳定优势（以成鼎足之势）

（1）与周边邻居搞好关系（西和诸戎，南抚夷越，外结孙权）

（2）自己团队内部整合升级（内修政理）

第三阶段：占领全国市场（可图中原）

（1）等待全国的形势变化（天下有变）

（2）从两个关键痛点打击竞争对手（命一上将将荆州之兵以向宛、洛，将军身率益州之众出秦川）

（3）崛起成为新巨头（大业可成，汉室可兴）

如果用流程图表示，步骤如图 1-2 所示。

每一步流程，环环相扣，层层推进，切实可行。

"怎么做"的问题，在职场中最重要。如果前面你分析得头头是道,最后却拿不出措施,其实这个方案是无效的。

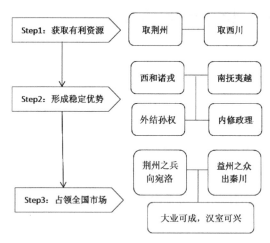

图1-2 具体步骤

诸葛亮采用的"why—what—how"三步法陈述可总结为:

第一步:why是目标定位,以"争夺天下"为方案核心诉求;

第二步,what是分析现状,分析"现实资源"能为我们所用;

第三步,how是执行方法,用"联合抗敌"的方式达到目的。

这三步是层层递进的关系。

如果用图形的方式呈现,模型如图1-3所示。

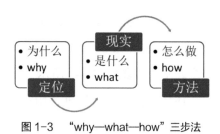

图1-3 "why—what—how"三步法

第一章 分步呈现：乱花渐欲迷人眼，告诉上司关键点

书面呈现：可视化效果更显眼

三步法汇报完毕，刘备不由得频频点头。

一个47岁的职场老江湖，看中一个27岁的青年，是很不寻常的。

刘备总裁被诸葛亮打动了。

方案阐述完毕，但见诸葛亮挥一挥手，让书童拿出一份资料："刘总，刚才我只是口头汇报，现在这是书面材料，请您过目。"

言罢，命童子取出画一轴，挂于中堂，指谓玄德曰："此西川五十四州之图也。"[1]

诸葛亮指着地图说："这是我们战略重点的西川地图，五十四州的位置、隘口、交通路线，我都做了详细考量。"

台上一分钟，台下十年功。诸葛亮真是做足了准备啊。

刘备更加赞赏：这小伙子很用心，不仅口头表述，还有书面呈现！

口头汇报是"听觉化信息"，书面材料是"视觉化信息"。

二者有何不同？

从人的感官心理来说，"声音"的传递是即时的，特点是效率高、遗忘快。当时听的感觉不错，但说完后，对方的记忆就开始退却。

想一想，我们平常听讲座时，是不是这种感觉？某个大师的精彩演讲、某个名人的激情分享，现场听得热血沸腾，但如果没有做笔记，回去之后两天就遗忘很多，具体的知识点已经想不起来。

所以，如果只单纯靠说，效果并不最好。好的演讲都需要"可视化"素材的配合，比如大屏幕上的 PPT 呈现，或者白板、黑板上的字句，这些都能让听众留下"视觉化记忆"。

心理学家研究发现：人类信息传递的 80% 来自视觉，剩下 20% 的信息传递才来自听觉等其他感官。

不仅要让上司"听见"，更要让上司"看见"。

这个动作，我们在职场中要记得使用。

但凡稍微复杂一点的汇报，最好都要有书面材料，可以是文稿、表格、模型，哪怕简单的一个草图，总之，目的就是要呈现"视觉化"，让上司一目了然，你的沟通才更有成效。

诸葛亮的第一次汇报，取得了成功。

千年规律：历史名篇的表达逻辑

《隆中对》里的"why—what—how"三步法，在历史上其他的名篇里，同样是存在的。

比如，诸葛亮几十年后还有一篇名篇《出师表》，是他写给蜀国的第二代领导人刘禅的工作规划。这篇文章在中学语文课本里有，我们都学过，它也是用了三步法呈现。

第一章 分步呈现：乱花渐欲迷人眼，告诉上司关键点

先帝创业未半而中道崩殂，今天下三分，益州疲弊，此诚危急存亡之秋也。然侍卫之臣不懈于内，忠志之士忘身于外者，盖追先帝之殊遇，欲报之于陛下也。诚宜开张圣听，以光先帝遗德，恢弘志士之气，不宜妄自菲薄，引喻失义，以塞忠谏之路也。

宫中府中，俱为一体；陟罚臧否，不宜异同：若有作奸犯科及为忠善者，宜付有司论其刑赏，以昭陛下平明之理；不宜偏私，使内外异法也。

侍中、侍郎郭攸之、费祎、董允等，此皆良实，志虑忠纯，是以先帝简拔以遗陛下：愚以为宫中之事，事无大小，悉以咨之，然后施行，必能裨补阙漏，有所广益。

将军向宠，性行淑均，晓畅军事，试用于昔日，先帝称之曰能，是以众议举宠为督：愚以为营中之事，悉以咨之，必能使行阵和睦，优劣得所。

亲贤臣，远小人，此先汉所以兴隆也；亲小人，远贤臣，此后汉所以倾颓也。先帝在时，每与臣论此事，未尝不叹息痛恨于桓、灵也。侍中、尚书、长史、参军，此悉贞良死节之臣，愿陛下亲之信之，则汉室之隆，可计日而待也。

臣本布衣，躬耕于南阳，苟全性命于乱世，不求闻达于诸侯。先帝不以臣卑鄙，猥自枉屈，三顾臣于草庐之中，咨臣以当世之事，由是感激，遂许先帝以驱驰。后值倾覆，受任于败军之际，奉命于危难之间：尔来二十有一年矣。

先帝知臣谨慎，故临崩寄臣以大事也。受命以来，夙夜忧叹，

恐托付不效,以伤先帝之明;故五月渡泸,深入不毛。今南方已定,兵甲已足,当奖率三军,北定中原,庶竭驽钝,攘除奸凶,兴复汉室,还于旧都。此臣所以报先帝而忠陛下之职分也。至于斟酌损益,进尽忠言,则攸之、祎、允之任也。

愿陛下托臣以讨贼兴复之效,不效,则治臣之罪,以告先帝之灵。若无兴德之言,则责攸之、祎、允等之慢,以彰其咎;陛下亦宜自谋,以咨诹善道,察纳雅言,深追先帝遗诏。臣不胜受恩感激。

今当远离,临表涕零,不知所言。[2]

首先,是why,开门见山地说明了"我们要出师北伐"的原因。

先帝创业未半而中道崩殂,今天下三分,益州疲弊,此诚危急存亡之秋也。

因为先帝(刘备)创业刚有起色,建立了蜀国,大业未完成一半就去世了,如今三国鼎立,我们蜀国是最弱小的,这是危急存亡的时刻。所以我们要尽早出师北伐,趁现在还有实力,拿下中原,不能偏安一隅,否则时间拖得越久,对我们越不利啊。

其次,是what,罗列了"我们现在有哪些优势/资源"。

(1)朝廷内部都勤恳不懈,外界边疆的将士们都奋不顾身(然侍卫之臣不懈于内,忠志之士忘身于外者)。

(2)郭攸之、费祎、董允这些人,把朝廷内政打理得很好,都是忠良之臣(侍中、侍郎郭攸之、费祎、董允等,此皆良实)。

(3)将军向宠,性格好,情商高,军事武功又好,当年

就被先帝称赞,现在让他当大将军,领兵北伐,是大家一致的决议(将军向宠,性行淑均,晓畅军事,试用于昔日,先帝称之曰"能",是以众议举宠为督)。

(4)之前我们已深入不毛之地,平定了南方少数民族,后方很稳定了,现在人员武器都很完备,可以北伐(故五月渡泸,深入不毛,今南方已定,兵甲已足)。

最后,是 how,陈述了"朝廷内外都该怎么做"。

(1)对外,我们要激励军队,北伐中原,消灭奸臣,恢复汉朝的权威,我们最终入主大汉的京城。这是我所负责的重大项目,如果没达到预期效果,我要接受惩罚(当奖率三军,北定中原,庶竭驽钝,攘除奸凶,兴复汉室,还于旧都……愿陛下托臣以讨贼兴复之效,不效,则治臣之罪)。

(2)对内,郭攸之、费祎、董允这几位忠臣尽心尽责,建言辅佐朝廷。如果他们没有做好劝谏,就是失职,也要受到惩罚(至于斟酌损益,进尽忠言,则攸之、祎、允之任也……若无兴德之言,则责攸之、祎、允等之慢,以彰其咎)。

(3)请陛下(刘禅)您自己也做好表率,多听取臣下们的意见(陛下亦宜自谋,以咨诹善道,察纳雅言)。

除《出师表》使用"why—what—how"三步法之外,另一本书里也大量使用了这个套路,那就是被世界各国尊奉为"百世谈兵之祖"的中国经典——《孙子兵法》。

《孙子兵法》有13篇文章,是孙武为了求见吴王阖闾而提交的13篇报告。吴王看过这些文章后赞不绝口,立刻就聘他做大将军。

比如,开篇的《计篇》里,用的就是"why—what—how"三步法陈述。

首先,是 why,孙武开门见山,告诉吴王"为什么我要写兵法给您"。

兵者,国之大事,死生之地,存亡之道,不可不察也。

意思是:因为军事用兵,是国家最大的事,关系到国家的生死存亡,所以,大王您不能不认真考虑啊。

其次,是 what,给吴王罗列"军事需要考虑的因素是哪些"。

故经之以五事,校之以计,而索其情:一曰道,二曰天,三曰地,四曰将,五曰法。

意思是:大王,军事内容一共要考虑五个方面,我都给您罗列出来了,第一是道义信仰,第二是天时节气,第三是地形位置,第四是将领士兵,第五是军法规则,以及它们的具体内容。

最后,是 how,告诉吴王"具体应该怎么做呢"。

兵者,诡道也。故能而示之不能,用而示之不用,近而示之远,远而示之近;利而诱之,乱而取之,实而备之,强而避之,怒而挠之,卑而骄之,佚而劳之,亲而离之。攻其无备,出其不意。

兵法具体要这么做:你有能力时要装作没能力,有用时要装作没用,近距离时就骗对方很远,远距离时就骗对方很近,用好处去诱惑敌人，在混乱中捞取好处，如果对方强大就要避开，如果对方暴躁就去激怒他，如果对方怯弱就要去吓唬他，如果对方安逸就去折腾他。趁对方没防备时突然攻击，达到意想不到的结果。

所以你看，在这些历史名篇中，都采用"why—what—how"的三步法套路。那是因为它简单易学，适合呈现，思路清晰，层层推进。

职场实践：做好汇报的套路

使用 why—what—how 的呈现方法，把杂乱的信息整理成这样三部分，呈现给领导，信息就显得很精准了。领导一目了然，会更加满意。

在具体的工作中，有如下模板，可以借鉴。

Why：明确定位

此次汇报的目的是_____，要达到的效果是_____，之所以能实现的关键原因是_____。

What：分析现状

目前现状有如下几点：（1）_____，（2）_____，（3）_____。我们的优势/能力在于_____。

How：解决问题

具体步骤是这样做：第一步_____，第二步_____，第三步_____。

2. 从新手到熟手，自我呈现要分阶段

新手困境：诸葛亮遭遇老同事的不满

老人瞧不起新人，是职场中普遍会遇到的问题。

诸葛亮刚进公司才几天，就遇到了这个情况。

虽然上司刘备欣赏他，但其他同事却不乐意，其中，关羽、张飞两位老同事的意见最大。

早在刘备"三顾茅庐"时，关张二人心里就很不满。关羽说："刘总，您以皇叔身份拜会那个小青年，这要传出去，岂不被人笑话？"张飞就更直接，怒气冲冲道："诸葛不过是一介村夫，何须您亲自拜访？我拿麻绳去把他捆来！"

从关羽、张飞的角度来说，也不无道理。他俩可是老资格了，很早就入了股，论资历、论能力都是响当当的。二人跟刘总除了上下级关系，更有"桃园三结义"的兄弟情义，这种"合作伙伴＋结拜兄弟"的关系，在团队里远非一般人能比。

可这个诸葛亮，年纪轻轻，30岁不到，刚来就平步青云。凭什么？

诸葛亮自己心里也明白，初来乍到，要让同事们从认识、

接纳到认可自己——这个过程,是急不得的。

新人初来,形象、性格、才干等个人信息,都需要一步步呈现,让大家慢慢接受,而不是刚进公司就一股脑儿地涌现。

假如刚进到一个新环境,你会怎么做?

A. 低调处事,做好自己,不抢风头

B. 搞好关系,上司同事,良好印象

C. 获得授权,挑战任务,刮目相看

每个人的能力不一样,面临的场景不同,选择也不同。

诸葛亮的做法是 ABC 他都做了,有序地推进。

如果说,上一节的"方案汇报"是事件信息的呈现,那么,本节的"职业角色"则是自我角色的信息呈现。

其实,这三步暗合了中国最古老的《易经》智慧法则,依次是三个阶段:

A. 潜龙勿用

B. 见龙在田

C. 飞龙在天

就让我们来看看诸葛亮每一步是怎么走的吧。

潜龙勿用:避免过早呈现太多信息

低调谦虚,不出风头,是一个新人的起点。

哪怕是"卧龙先生"诸葛亮,也要做一条潜伏的龙。

别看他在面试时，侃侃而谈，纵横捭阖，那只是为了留下个好印象。真正的工作，是要与一群员工共事，不是唱独角戏了，如果你急于表现，很容易踩到雷区。

毕竟，你还不熟悉这个环境。

新环境里的各色人等，都需要时间去了解。

比如，关羽、张飞、赵云各是什么性格？甘夫人、糜夫人的态度怎样？谁会斤斤计较但装作很客气？谁是个直肠子却并没有心眼？谁资格最老连刘总都要让三分？……

还有部门里的明规则、潜规则，五花八门。

比如，为什么平分粮草而关羽却总能多得一份？为什么张飞酗酒而上级就当没看见？为什么大家都要给糜夫人送礼物，而对甘夫人就是口头问候？……

尤其还有一点，是基层员工的视野盲区——上级自己还有上级。

刘备的上级是谁？是荆州集团的大老板刘表总裁。两人都姓刘，名义上都是汉朝的皇亲，但刘表是真正握有荆州大权，而刘备只算是下辖的分公司的领导。

这背后的门道，多了。你得先摸清楚了，哪个地方水浅水深，何时可以一脚踏过去，何时要摸着石头过河。

所以，刚进公司时，诸葛亮很低调，从不打听事儿，不说闲话，不插手与自己无关的事务，把"潜龙勿用"这四个字牢牢记在心里。

第一章 分步呈现：乱花渐欲迷人眼，告诉上司关键点

有一件事就能说明诸葛亮的态度。

刘表长子琦（刘琦），亦深器亮（诸葛亮）。表受后妻之言，爱少子琮（刘琮），不悦於琦。琦每欲与亮谋自安之术，亮辄拒塞，未与处画。[2]

这件事有个背景：荆州大老板刘表有两个儿子，长子刘琦，次子刘琮。两人暗地里争夺接班人的位置，其实有很久了。

按照传统，立长子为接班人嘛，应该是刘琦接班。但是刘表总裁呢，更喜欢二老婆，也更喜欢二儿子刘琮。所以长子刘琦就很惶恐，害怕自己被废掉，多次去询问诸葛亮：小诸，你给我想想办法，有没有什么建议？

诸葛亮当然是有策略的，但他知道，刚进入荆州集团，面对这么盘根错节的关系，怎能贸然表态？于是拒绝了刘琦，很低调的不掺和。

后来，刘琦还多次来询问。

刘琦求见说："继母把持了我父亲（刘表）的心意，为了让她的儿子顺利接班，恐怕要让她内弟（蔡瑁将军）加害于我，我的性命危在旦夕，请您救我呀！"

诸葛亮多次回绝了："这是荆州高层的家事，我不敢掺和。"

诸葛亮这个态度是对的。他刚入职场，对于荆州这家大集团还不了解，这件事牵涉很广，大老板刘表、老板的二夫人、老板的小舅子、两个竞争的接班人以及分公司的刘备——都

有千丝万缕的联系，盘根错节，岂是一个新人就搞得定的？

所以最好的方式就是不掺和、低调，不要过早站队，免得误踩雷区。

在没摸清楚水深水浅时，就潜在水里做一条"潜龙"。

见龙在田：呈现一些小成绩给上司看

但一直低调也不行。

你是要在职场上做一番事业的，这就进入到第二阶段了。

一段时间之后，对人事关系有了把握，诸葛亮就要做点小成绩出来。

这个阶段，在《易经·乾卦》里，这样描述。

见龙在田，利见大人。

意思是：你现在不要潜在水里了，要出现在田地上（没飞上天），要被你的"大人"所看见。

"大人"是什么意思？是指那些能够决定你前途的人，比如领导、长辈、老师或某事务的重大影响人，对你至关重要的，都可以是"大人"。

诸葛亮的"大人"，就是他的上司刘备。

此时要做一些小成绩出来，但还不是大成绩，所以是"在田"，而不是"在天"。

这个阶段，诸葛亮活络起来，主动和老同事们搞好关系，尤其是像关羽、张飞这样的老干部。

关羽、张飞负责前线打战,诸葛亮负责后勤工作,为他们提供粮草补给、马匹供应、机械装备等,都尽心尽责,也借此跟他们交流。

小伙子表现不错,后勤做得有亮点。

亮之治蜀,田畴辟,仓廪实,器械利,蓄积饶,朝会不华,路无醉人。[2]

开田辟地,鼓励多种粮食,协助打造兵器,充实了粮库和兵器库。

当然,最重要的是,要让上司看到佳绩,"利见大人"。

玄德遂招新野之民,得三千人,孔明朝夕教演阵法。[1]

刘备驻扎在荆州下辖的新野,又招揽了三千新兵,诸葛亮就每天督促他们操练阵法,日夜操练,把刘总交代的事认真完成。

这些都是"见龙在田",龙虽然还没飞到天上,但已在田野上初现端倪了。

新人入职,小试身手,点点滴滴中给同事们留下好的印象。

这些表现,当然不算大放异彩,而是零星点滴的,小量地呈现自己,让大家慢慢熟知你,持续地刷存在感。

比如,经常给上司提提醒,做些小的规划。

孔明曰:"曹操于冀州作玄武池以练水军,必有侵江南之意。可密令人过江探听虚实。"玄德从之,使人往江东探听。[1]

或者，主动为领导做好服务，提供参考建议。

刘表差人来请玄德赴荆州议事。孔明曰："……某当与主公同往，相机而行，自有良策。" [1]

这样的话，领导和同事们就会对你的印象越来越好。

飞龙在天：保持和上司的紧密联系

有前两阶段的铺垫，第三阶段就要一展身手了！

这一阶段，《易经·乾卦》对龙的行为描述是：

飞龙在天，利见大人。

这时将要成为飞上天去的龙。但别忘了，还要继续"利见大人"，保持和上司的紧密联系。

在《易经》中，"大人"一词出现的频率很高，中国智慧的源头一直在强调：那些能影响你事业、人生的决策人，你要连接好他们，而不是孤身作战。

此时，刘备公司遭遇了危机：竞争对手曹操，率五十万大军来袭，要抢夺荆州市场，并消灭刘备。刘备问诸葛亮："小诸，交给你一个艰巨的任务，抵挡住曹军的进攻。有主意吗？"

诸葛亮当然有主意了，这正是他"飞龙在天"的机会。

不过，在接任务前，他要确定一个因素，才能接手。

如果是你，你觉得会是哪个因素？

A. 得到团队成员的共同支持

B. 得到全面的敌军的信息

C. 得到上司的充分信任和授权

当然，这三点都很重要。

但对于诸葛亮来说，打赢第一战，最重要的是 C 选项，他要获得上司刘备的充分信任和授权，"利见大人"是靠领导的权威来凝聚人心。

这时，请注意诸葛亮的行为——他向刘总提出了一个请求。

孔明曰："但恐关、张二人不肯听吾号令，主公若欲亮行兵，乞假剑印。"玄德便以剑印付孔明，孔明遂聚集众将听令。[1]

诸葛亮说："我可以接下这个艰巨任务，但是怕调动不了其他员工，尤其像关羽、张飞这样的老同事。如果大家不听我的号令，那么就无法完成任务。所以您要把剑印借给我，我才能命令他们。"

剑印是军队首长的权力象征，就像今天单位的公章一样，盖在文件上，就有了权威和法律效应。

在职场中，当个人权威不够时，你就需要借助上司的权威背书来推动任务。

所以，请记得——让上司盖章、签字同意，就能顺理成章地指挥别人："这是上司的命令，已经授权，必须执行。"

诸葛亮要借刘总的剑印一用。

刘总同意了，充分授权。

诸葛亮这才真正开始调兵遣将了。

这就叫作"飞龙在天,利见大人",你的成功始终与上司紧密相连。

未雨绸缪:前期有积累才能应变

但是,做到"飞龙在天",只有简单的"利见大人"四个字吗?

非也。其实前期要下的功夫很多,需要做大量、持续的积累。

而这些日常积累是别人很难觉察到的,都是在暗处下功夫。

《易经·乾卦》中说,在成为"飞龙"之前,要下很多功夫。

君子终日乾乾,夕惕若厉,无咎。

意思是:每天都把工作做得很扎实,晚上还要反思自省,像是已经面对危险一样,带着这样的心态去思考,尽量避免未来可能犯的错误。

这些积累诸葛亮在日常工作的点滴中做,我们是看不到的,历史也没有记录下来。

直到他走到第三阶段"飞龙",对全体员工们发布命令时,我们才能管窥一斑,发现他之前做了那么多功课。

孔明令曰:"博望之左有山,名曰豫山;右有林,名曰安林:可以埋伏军马。云长可引一千军往豫山埋伏,等彼军至,放过休敌;

其辎重粮草，必在后面，但看南面火起，可纵兵出击，就焚其粮草。翼德可引一千军去安林背后山谷中埋伏，只看南面火起，便可出，向博望城旧屯粮草处纵火烧之。关平、刘封可引五百军，预备引火之物，于博望坡后两边等候，至初更兵到，便可放火矣。"

又命："于樊城取回赵云，令为前部，不要赢，只要输，主公自引一军为后援。各须依计而行，勿使有失。"[1]

这个任务，诸葛亮安排得井井有条，调度有方。

你能看到他背后所做的功课吗？

这是基于他前期对地形的调研。

哪里可以埋伏？——左有豫山，右有安林

哪里适合放火？——博望坡后两边

哪里是敌军最脆弱的地方？——山谷

所以，你只看到别人出方案很快，却没看到别人背后所做的努力。

早在之前，诸葛亮就做足了准备，去实地考察过地形，对博望坡周边了如指掌，才能在危机时迅速做好部署。

未雨绸缪，才能临机应变！

另外，这里要提到一个现象：职场中，当上司已经向你明确要执行方案了，说明问题比较紧迫了。

所以，作为一个下属，平常要有预判思维，对部门、外界形势等有些敏感度。即使方向不明，也可持续搜集一些信息，作为业余积累，终究是有备无患。

除了实地调研，还有对团队每个成员的熟知。

"博望坡之战"这个方案里，涉及的人员有：关羽、张飞、赵云、关平、刘封——他们的级别、属性都不同。

诸葛亮对他们充分了解，才能做出合适的安排。

他分成了 ABC 三类人事。

A. 把最好的资源交给最有经验的人，承担最大的责任（关羽、张飞各引一千军，纵兵出击）：安排关羽、张飞为主力厮杀——因为他们二人是骨干力量，经验丰富，能挑大梁，并且还是刘备的结义兄弟，重点业绩肯定是让上司最信任的人来做啊！责任也是巨大的，成败就靠他俩！

B. 把创新性的任务交给年轻有活力的人（赵云为前部，不要赢，只要输）：安排赵云做前锋，诱敌深入——因为赵云比关羽、张飞年轻，资历较浅，曹军大将不太认识他，容易被他欺骗，但赵云武艺高超，业务能力强，富有活力，能够拿下这个挑战性任务！

C. 把辅助型工作交给后进新人，培养他们（关平、刘封引五百军，预备引火之物）：安排关平、刘封放火——这两员小将，一个是关羽的义子，一个是刘备的养子，属于后辈中的人才，虽还不是主力，但让他们多熟悉一下业务，将来可能是要接班的！

在职场中，只要是一件稍微复杂的事务，就要考虑到每个人的级别、能力、特点，以及他们在职场中的相互关系。这时，把任务交给最合适的人，是要靠你前期对每个人的了解，做足调研。

流程呈现：5W1H 法则精准呈现

这个执行方案，有没有一个套路可以学习呢？

其实，诸葛亮的规划就是应用了 5W1H 法则，向上司、同事们精准地呈现了信息。

5W1H 法则——Why、What、Where、When、Who、How

5W1H 法则也叫"六何分析法"，是管理学中最经典的法则之一。它把一个任务分成六部分，让人们能周全地从各个角度去考虑。

Why 原因：为什么要做？

What 事件：这是一件什么事？

Where 地点：在哪里做？

When 时间：何时做？

Who 人员：哪些人员参与？

How 方法：具体步骤流程是怎样？

请看诸葛亮的 5W1H 法则

原因：为了抵抗强大的敌人

事件：要以少胜多，用计迷惑

地点：在博望坡

时间：等敌军到、点火为号

人员：刘备、关羽、张飞、赵云、关平、刘封

方法：诱敌—埋伏—放火—突袭

我们在职场中，要完成一项任务，至少要考虑这六个方面。当你把这六个方面想清楚了，以5W1H的形式呈现给上司时，上司就会一目了然，对你也会有信心。

当然，上述的5W1H还只是一个宏观框架。

在具体执行中，每一步还有细分的5W1H，更加具体，以便让执行者清楚地落实到每个步骤。

诸葛亮的规划画成步骤流程图，如图1-4所示。

图1-4 诸葛亮的5W1H法则

第一章 分步呈现：乱花渐欲迷人眼，告诉上司关键点

最终成败：关键的一跳需要勇气

做好了足够的积累，是不是就一飞冲天了呢？不。

毕竟这只是突破原有格局，面临的困难不止一星半点。

《易经·乾卦》中说了，能不能成为飞龙，成败在于关键一跳。

或跃在渊，无咎。

意思是：在悬崖前奋力一跳，要么一跃而起，要么跌落深渊！

大战在即，挑战来临，既然你接下这个任务，就无路可退，必须在悬崖边冒险一跳！这一跳能否成功？不知道，两种可能都有。

此时的诸葛亮仿佛站在悬崖边，既没有了退路，又要面对前方重重压力。员工们对他并不服气，看样子要崩盘。

云长曰："我等皆出迎敌，未审军师却作何事？"孔明曰："我只坐守县城。"张飞大笑曰："我们都去厮杀，你却在家里坐地，好自在！"孔明曰："剑印在此，违令者斩！"玄德曰："岂不闻'运筹帷幄之中，决胜千里之外'？二弟不可违令。"[1]

资格最老的关羽第一个发难了："我们都听你的布置，出去迎敌。那么诸葛亮你自己做什么？"关羽明显不服气。

诸葛亮如实回答:"我只坐镇城中。"

张飞哈哈大笑起来:"你让我们出去厮杀,自己却在家里坐着,你倒是自在得很啊!"言辞当中,充满了对他的质疑。

此时面对全公司的员工,该怎么回答?

当断不断,反受其乱,诸葛亮不再解释,立刻拿出刘总的授权:"剑印在此,违令者斩!"

最高领导刘备也出来表态,支持诸葛亮:"你们没听说过,'运筹帷幄之中,决胜千里之外'吗?诸葛亮就是坐在家里运筹帷幄,你们就是出去厮杀决胜千里。两位兄弟不要违抗命令。"

你看,诸葛亮要想从"或跃在渊"到"飞龙在天",这关键一跳是有很大阻力的。幸好他"利见大人",一直紧紧连接上司刘备,才能借刘总权威压制住下面的员工。

张飞冷笑而去。云长曰:"我们且看他的计应也不应,那时却来问他未迟!"[1]

张飞被刘备训斥了,不再说话,冷笑走了。关羽走时说:"我们先照这个方案去执行,看到底有没有效果,结束后再来问他也不迟!"

众将皆未知孔明韬略,今虽听令,却都疑惑不定。[1]

其他员工在场都瞧见了,虽然都接受了任务,但没人见识过诸葛亮的才华,心里都疑惑不定。

派拨已毕,玄德亦疑惑不定。[1]

其实,连刘备心里也是疑惑不定的。可是怎么办呢?关键时刻,别无退路,最高领导只有助力下属,共渡难关,开弓没有回头箭了!

复盘一下前面的内容:潜龙勿用、见龙在田、终日乾乾、夕惕若厉,还有那反复提及的"利见大人"。要知道一次成功背后,有多少默默努力的汗水、持续的积累。你的才华展示是需要时间的,从少到多的业绩表现,勤勤恳恳地工作,周密翔实地调研,以及持续地得到上司信任,才能毕其功于一役。

最后结果还不可知,要"或跃在渊"。

一个"或"字,是有可能的意思。《易经》也无法告诉你是否成功,只是告诉有你两种可能。既然没有了回头路,硬着头皮迎战吧!

最终战果如何?战果非常棒。

一霎时,四面八方,尽皆是火,又值风大,火势愈猛。曹家人马,自相践踏,死者不计其数。

后人有诗曰:"博望相持用火攻,指挥如意笑谈中。直须惊破曹公胆,初出茅庐第一功!"

却说孔明收军。关、张二人相谓曰:"孔明真英杰也!"[1]

这一战,大风大火烧得曹军狼狈逃窜,相互踩踏,打得相当漂亮!可谓是诸葛亮初出茅庐立的第一次大功。

长期的努力，终于得到回报！尤其是老同事关羽、张飞，对这位新同事是心悦诚服："诸葛亮确实是英杰啊！"

通过"火烧博望坡"这个重大项目，诸葛亮一鸣惊人，创造了杰出的业绩，获得了全公司上下一致的认可。

刘备的心里也落下一块石头。从当初决定重用诸葛亮，到授权最重要的剑印，他作为上司也是要承担风险的，还要面对很多质疑。但这一切，证明是值得的。

小诸终于通过自己的努力，坐定了"总裁副手"的位置。

《易经·乾卦》对这个过程用了一句话高度概括。

天行健，君子以自强不息。

这就是每个人的价值所在，像天地运转那样，永远自强不息！

职场实践：步步为营的套路

最后，我们来总结一下套路。

职场中，你从新手到熟手，需要经历若干阶段。三个阶段循序渐进，分步呈现自己，既是给自己一个适应的节奏，也是让同事们适应你的融入。

请记住这三步的关键动作。

第一步，潜龙勿用

（1）少表现，不出风头，避免踩到雷区；

（2）熟悉人员情况，摸清明规则和隐规则。

第二步，见龙在田

（1）持续、小量地做出亮点，刷存在感；

（2）要让上司直接或间接知道。

第三步，飞龙在天

（1）默默积累、筹备，寻找适合发挥的机会；

（2）得到上司的支持许可；

（3）当仁不让，大干一场，把自己本事尽显出来，让全部门的人见识到你的才能。

3. 提建议有讲究，分层分级显智慧

下属困惑：上司需要什么样的员工

作为下属，普遍会遇到一个问题：虽然自己对工作很热心，但效果往往不佳——上司真正需要我做什么呢？

关羽、张飞就遇到这种苦恼：最近公司遇到了危机，他们做表态、提意见，本是为了公司好，但刘备却并不满意。

咱们来看看当时的情形：

曹操五十万大军打来了，刘备公司可能扛不住，是战还是逃？刘总询问大家的意见。

首先是张飞，表现得很勇敢。

张飞曰："事已如此，可先斩宋忠，随起兵渡江，夺了襄阳，杀了蔡氏、刘琮，然后与曹操交战！"[1]

张飞叫道："既然这样了，那我们就夺下襄阳城，再跟曹操拼了！"他觉得自己不怕牺牲，凡事都冲在前面。但刘备听了，却并不高兴，觉得他太情绪化，根本不考虑实际情况。曹操兵力是我们的十几倍，我们打得过他吗？你张飞就知道拼蛮力，不动脑子。

然后是关羽，翻旧账。

从几年前开始阐述，苦口婆心地说明，指出上司当年的错误，分析今天的局势。

初，刘备在许，与曹公共猎。猎中，众散，羽劝备杀公，备不从。及在夏口，飘飘江渚，羽怒曰："往日猎中，若从羽言，可无今日之困！"[2]

几年前，刘备和曹操关系还比较好时，两人曾一起去打猎度假。那时关羽就劝刘备除掉曹操这个潜在对手，免得以后他做大，但刘备没听，要以德服人。所以关羽就回忆起来："刘总，当年我就劝你，趁机除掉曹操。要是听我的，今天怎么还会弄到这个地步？"

关羽觉得自己一心为领导好，提出批评也是忠心的。但在刘备看来，这种翻旧账的行为让他心里很不舒服。尽管下属说得对，可是让领导脸上无光。

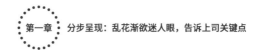

刘总心里不快:你就知道翻旧账,说了那么多陈年旧事,有什么用呢?

再来看看危急之时,糜芳、张飞是怎么表现的。

忽见糜芳面带数箭,踉跄而来,口言:"赵子龙(赵云)反投曹操去了也!"玄德叱曰:"子龙是我故交,安肯反乎?"张飞曰:"他今见我等势穷力尽,或者反投曹操,以图富贵耳!"玄德曰:"子龙从我于患难,心如铁石,非富贵所能动摇也。"糜芳曰:"我亲见他投西北去了。"张飞曰:"待我亲自寻他去。若撞见时,一枪刺死!"[1]

糜芳跑来报告领导:"赵云不见了,肯定是投降曹操去了!"

张飞想也没想,立刻跟着怀疑,骂道:"哼,赵云看见我们公司没前途了,就去投靠曹操。"

刘备为了稳定军心,还解释说:"赵云也是跟我们一起奋斗过来的,我相信他的人品,不会为了一点利益而动摇。"

糜芳却不依不饶,火上浇油:"我亲眼看见他投奔曹营去了。"

张飞这下更急了,火冒三丈:"待我去抓他,如果看见了,我就一枪刺死他!这个忘恩负义的小人!"

糜芳、张飞觉得自己发现了"叛徒",向领导报告,并坚决和"叛徒"划清界限,以表忠心。但刘总这时并不想听:危急时刻，你们这不是扰乱军心吗？何况未经证实，就说别人的坏话(其实，赵云是单枪匹马闯入曹营去救刘备的儿子阿斗了)。

你看，在刘总的眼里，下属们的表现是这样的：张飞很情绪化，听风就是雨，当着领导的面发脾气；关羽翻旧账，觉得自己正确，对领导充满了埋怨；糜芳猜忌他人，和同事不团结，在领导面前说坏话。

请记住，这些行为都会让你在职场减分：

A. 情绪化，不考虑实际

B. 当着领导的面发脾气

C. 翻旧账，埋怨领导

D. 猜忌他人，怀疑同事

E. 在领导面前说别人坏话

你自以为的"真心意见"，其实在领导看来，都是无益行为，甚至适得其反。

领导真正需要的是什么？不是牢骚抱怨，而是切实解决问题！

反观赵云，他没有出现，而是帮领导解决问题去了，于危急时刻去救刘总的儿子，这才是领导需要的。

所以，后来刘备让赵云当他的贴身侍卫，非常信任，一直到几十年后，赵云在蜀国的地位都极高。

请记住：一个合格的下属，是要能帮领导解决问题。

第一章 分步呈现：乱花渐欲迷人眼，告诉上司关键点

上中下策：分层次给出不同的建议

在众多同事中，诸葛亮做得怎么样呢？

他做得比其他员工都多，在危机爆发的前、中、后期，根据不同形势，分层分级向上司提过各类建议，针对问题提出解决方法。

怎样提建议叫作"分层分级"？

比如，一个消防队员，对于"火灾"这个问题，可能有三种提议：

A. 上策：防火，加强日常安全检查，提前做好措施

B. 中策：灭火，使用小型灭火器，在火势有苗头时，迅速扑灭

C. 下策：救火，组织人员战斗，面对熊熊火海，冲进现场救人

上策看似稀松平常，却是早就预判了形势，未雨绸缪，是最佳策略。

中策虽说有点损失，但把问题苗头尽早地遏制，还是可以控制的。

下策是问题已经严重了，采取紧急措施，投入大量资源，热火朝天地干，还不一定能挽回损失。

诸葛亮也是这样，向领导提出了上、中、下策。

A. 提前下手：在战争还未开打时，尽早拿下荆州这个战略

要地

B. 遏制苗头：在曹军初到时，乘乱占据荆州的重要城池，获得资源

C. 求救外援：无法抵挡曹军，只能求助东吴孙权，请他抵挡曹操

A. 上策：提前下手

荆州这个地方被称为"兵家必争之地"，战争还没开打，诸葛亮就提出尽早夺取荆州。

> 新野小县，不可久居，近闻刘景升病在危笃，可乘此机会，取彼荆州为安身之地，庶可拒曹操也。[1]

刘表因病大权旁落，曹操还没打过来，是动手的最佳时机。

这时如果早做准备，代价会很小。但刘备没有采纳，战略机遇期错过了。

诸葛亮也没有埋怨上司，没有情绪化，而是继续提建议。

B. 中策：遏制苗头

问题的火苗已经产生，但还在初级阶段。

此时，曹军主力已杀向荆州。

这时，要去硬碰硬地夺荆州是来不及了，但去取周围的襄阳城和江陵城，控制几个战略要地，还是来得及的。

所以诸葛亮提了中策，夺取襄阳城。

> 可速弃樊城，取襄阳暂歇。[1]

还有夺取江陵城、夏口城。

江陵乃荆州要地，不如先取江陵为家……夏口城险，颇有钱粮，可以久守。[1]

对于中策，刘备及时采纳了。先后奔赴了襄阳、江陵、夏口，在一定程度上遏制住了事态发展。

但由于实力差距悬殊，刘备只拿下了部分的城池。

中策不够，便只有靠下策来补。

C. 下策：求助外援

在自身力量不够时，诸葛亮又提出了下策，求救于东吴集团的孙权。

曹操势大，急难抵敌，不如往投东吴孙权，以为应援。[1]

之所以这是下策，是因为把主动权交给了别人，刘备自己成了从属地位，从长远来看弊端较大。

但下策是最能救急的，先解了眼前之困再说。

而且诸葛亮不仅提出建议，还主动承担任务，愿意去游说东吴孙权。

亮借一帆风，直至江东，凭三寸不烂之舌，说南北两军互相吞并。[1]

你看，这就是领导需要的好下属：不仅提建议，而且自己去落实执行，让领导省心、放心。这样的下属谁不喜欢啊？

学习诸葛亮的这些做法，可以让你在职场上加分。

A. 根据不同情况，分层分级提出建议

B. 不情绪化，不埋怨，始终就事论事

C. 主动揽下任务，替领导去落实执行

其中最值得学习的，是诸葛亮的上、中、下策。这种提建议的方式，咱们来做些更深入的分析。

上司盲点：身在局中难以看清问题

在此，我们先考虑一个问题：为什么刘备没有采用上策，而是采用了中策和下策？

其实，上司在工作中也会有盲点，所谓"当局者迷，旁观者清"。

这其实是一个普遍现象：问题早有苗头，当事人却不在意，乃至严重了，才引起重视。

中国古代有个"神医扁鹊"的故事就是最佳例证（《鹖冠子·卷下·世贤第十六》）。

> 魏文侯问曰："子昆弟三人其孰最善为医？"扁鹊曰："长兄最善，中兄次之，扁鹊最为下。"魏文侯曰："可得闻邪？"扁鹊曰："长兄于病视神，未有形而除之，故名不出于家。中兄治病，其在毫毛，故名不出于闾。若扁鹊者，镵血脉，投毒药，副肌肤，闲而名出闻于诸侯。"

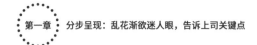

魏文侯问神医扁鹊："你家有三兄弟，谁的医术最高明呢？"

扁鹊说："我大哥最高明，二哥次之，我是最差的。"

魏文侯说："可是为啥你的名气最大？却没听说过你两个哥哥啊。"

扁鹊说："那是因为，我大哥在人还没发病时，就早早地化解了风险，反而不被人们重视；我二哥在人刚发病时，就较早地解决了问题，他的名声稍微大一点；而我在别人发病严重时，用各种药物、手术、诊断，大动干戈，反而最受人们重视。"

你看，神医扁鹊的三兄弟，就是治病的上中下策。

A. 上策：还没发病，就早早化解了

B. 中策：刚有问题，尽早地解决了

C. 下策：发病严重，大动干戈，治疗很久

大多数人不能预判未来，只有出现了问题才去想办法解决，这是人的共性。

作为上司，刘备也是人，他没有预计到曹操来得那么快，也没有预料到荆州会很快陷入大乱，所以，诸葛亮的上策，对于他来说，并无紧迫性。

即使如刘备、诸葛亮这样的"上下级典范"，在工作沟通中也同样存在预判的失误。何况我们寻常的职场人士呢？就更不可能预测精准了。

因此，作为下属，我们对领导的预期也不要太高，他也是

有视野盲区的。你提的建议虽然好，但未必是应时之需，被搁置也是正常的。

这时，最考验人的就不是智力，而是心态了。

下属能否处理好情绪，有时比事实本身还更重要。

有的人情绪就很糟糕，觉得领导是不是傻啊？哼，为什么早不听我的？早听我的还会搞成今天这样吗？比如像关羽，就跟领导翻旧账，一副盛气凌人的样子（"若从羽言，可无今日之困！"）——其实领导心里何尝不知自己的失误？只是不好承认罢了，要点面子。而你却要当面责难他，让他没有面子，这笔账就给你记上了。

有的人就有耐心，能管理好自己情绪。比如诸葛亮，他向刘总提出的都是客观事实和建设性的提议，从不发泄情绪。刘总如果不听，他就先不提了（"且再作商议"），下次换个角度讨论，每次都就事论事。他谨记自己的职责就是"帮助领导解决问题"。

那么有人会问：我就不提"上策"，省得麻烦不是更好吗？反正领导很难采纳，等到事态严重了，我再提一些临时救急的"下策"，不是更能立竿见影吗？

这也不对。上策一定要提，且及早提，认真提。

中国有句古话，叫"取法乎上，得乎其中，取法乎中，得乎其下"：定一个上等目标，得到的往往是中等结果；定一个中等目标，得到的往往是下等结果。所以，早早地提出上策，这是尽到你自己的责任，而领导是否采纳，那是他的事情。

千年规律：《汉书》《新唐书》中的套路

"提三条建议"这个套路，在历史上千年不衰。

汉朝、唐朝的名臣，都这样给上司做过汇报。

《汉书》

比如，《汉书》中记录了一段历史，话说西汉后期，黄河泛滥，灾患严重，汉哀帝下旨征求良策。大臣贾让上书，就提出了三条建议：上、中、下策。

上策：从根本上解决水患，不与水争地，针对黄河原河道的积弊，提出人工改道，引流入海，但它耗费巨大，要提早做数年筹备。

中策：开渠引水，进行分洪，在下游设置滞洪区，分摊压力，把水患分解为若干块，再对洪水加以利用，但这需要各州县的配合。

下策：抢时间，哪里决口就补哪里，到处堵水，只要维持住不溃决就行。

《新唐书》

再比如，《新唐书》中记录了隋朝末年，杨玄感起兵造反，他的军师李密为他出谋划策，也提出上、中、下策。

李密给出了三条计策。

上策：直接袭击隋炀帝，和高丽国一起，在辽东把他消灭，皇帝就此完蛋，隋朝也就分崩离析了。

中策：夺取关中的长安城，这里易守难攻，一旦拿下，敌军就拿我们没办法。

下策：打最近的城池，东都洛阳，但是它防务坚固，有可能长时间攻不下来。

请记住古人们的这个套路，给领导提建议时，列举多条——通常来说三条最合适。

优势好处："三条建议"为什么好

为什么给上司提建议都是"三条"好呢？

这至少有三个好处。

A. 有对比优势：三条建议能产生对比，有参照，孰优孰劣，更容易比较，有利于上司做明确的定位。

B. 让上司来选：如果你只提一条建议，上司是同意还是不同意呢？他很被动。而有三条建议让他选，他就掌握了主动权，心理感知度更佳。

C. 展现自己智慧：你只提一条的话，思路太狭隘了，不够展示自己的广度，提三条就有多种可能，让上司看到你的思考。

这三个好处都可以归结为一个效果——它解决了下属的"先天认知缺陷"的问题。

什么是"先天认知缺陷"？

在职场中，由于职位的差异，上下级的信息量是不对称的：你认为最重要的，在上司眼里可能并不重要；上司重点关注的，可能你压根没考虑到。

这是一个巨大的痛点。

这个痛点是由级别、岗位所决定的，所以被称为"先天认知缺陷"。

对于上司来说，他职位高，能掌握全局情况，一定比你知道得更多。而你职位低，只局限在自己那一小块，怎么可能了解更多？试想，你只是一个市场部的业务员，能清楚整个公司的经营状况吗？你只是财务部的小会计，能知道市场上的最新行情吗？几乎不太可能。而上司却能全面了解到。

所以，下属提出的一条建议，常常会被上司批评"根本没说到重点上"，或者说"我关心的根本不是这个"。这是职场中的常态。

那怎么办？你也没法站到领导的高度思考。

唯一解决的方法就是：提三条（或多条）建议。

我不确定领导关注哪个重点，那就把每个重点都考虑到，让领导自己选，这总可以吧？

三国时期，刘备的另一位助理，庞统就是这样做的，得到了刘备的良好反馈。

庞统曰："某有三条计策，请主公自择而行。"玄德问："那三条计？"统曰："只今便选精兵，昼夜兼道径袭成都：此为上计。杨怀、高沛乃蜀中名将，各仗强兵拒守关隘；今主公佯以回荆州为名，二将闻知，必来相送；就送行处，擒而杀之，夺了关隘，先取涪城，然后却向成都：此中计也。退还白帝，连夜回荆州，徐图进取：此为下计。若沉吟不去，将至大困，不可救矣。"[1]

庞统提出了上、中、下策三条建议。

上策：暗中派精兵强将，日夜行军，进攻成都（益州），刘璋还没有防备，此时偷袭是最佳时机。

中策：刘璋手下的大将杨怀、高沛握有实权，刘备可借口荆州有急事要回程，借此召见他俩，趁机除去二人，令刘璋实力大减。

下策：充分准备，退回白帝城，等待蜀中动乱的时机。

最后，刘备用了哪一条？他否决了上策、下策，用了中策。

庞统作为执行者，只能从军事角度排序，上策效率最高，出奇制胜。

而刘备作为整个团队的领头人,军事只是一部分,他更要考虑蜀中的人心、政治声望、稳定的局势,所以对刘备来说,军事上胜利太快未必是好事。最好是中策的"干掉对手的主力,却又不立刻占领",给自己减轻压力、延长时间,平衡了军事、政治、经济三方面。

请记住:不同层级的人,看问题的重点不同。但没有关系,下属把能想的全都想到,从多个角度给出建议,分为上、中、下策,让上司自行选择。

职场实践:提"三条建议"的模板

既然是建议,就总有有利的一面,也有不利的一面。做全方位的说明,把各个要点都考虑周全,这就是尽了下属最大的责任。至于选择权,就交给上司好了。

可以按照这个模板来表述"三条建议"。

上策是:＿＿＿＿＿＿＿＿

它的优点是:＿＿＿＿＿＿ 但缺点是:＿＿＿＿＿＿

中策是:＿＿＿＿＿＿＿＿

它的优点是:＿＿＿＿＿＿ 但缺点是:＿＿＿＿＿＿

下策是:＿＿＿＿＿＿＿＿

它的优点是:＿＿＿＿＿＿ 但缺点是:＿＿＿＿＿＿

领导,请您斟酌考虑!(潜台词是:我能想到的都在这里了。)

第二章

换位思考:横看成岭侧成峰,换个姿势更轻松

沟通不畅,往往是因为没从对方角度考虑。试着换位思考,从不同角度切入,就会豁然开朗。总是一个姿势想问题太累,换个姿势或许更轻松呢。

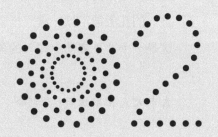

向上管理

1. 看清逻辑前提,分分钟改变上司

两种结局:孔融被杀,文聘受奖

在三国历史上,有两个典型下属,他们惹怒了同一个领导——曹操。

他们是孔融和文聘,一个被杀了,一个提拔了,结局截然不同。

孔融到死都没明白,他劝阻领导的计划,为何引发领导那么大怒火?

文聘一生却很顺利,他很不给领导面子,为何却受到嘉奖?

孔融的例子

公元208年的秋天,河南许昌,著名的文学家、"建安七子"之一的孔融被下狱,满门抄斩。

这是一个"下属劝上司"的失败案例。

太中大夫孔融谏曰:"刘备、刘表皆汉室宗亲,不可轻伐;

孙权虎踞六郡，且有大江之险，亦不易取，今丞相兴此无义之师，恐失天下之望。"操怒曰："刘备、刘表、孙权皆逆命之臣，岂容不讨！"遂叱退孔融，下令："如有再谏者，必斩。"[1]

曹操发兵五十万，准备攻打南方荆州，消灭刘备、刘表、孙权等势力。

孔融劝阻说："曹总，您不能举大兵南下啊。刘备、刘表都是皇帝的亲戚，不能随便去讨伐；孙权则依靠长江天险，地盘很大，也不容易讨伐。您这样硬要去打，就是兴无义之师，恐怕会让全天下人失望！"

曹操听后，就怒了："谁说刘备、刘表、孙权不能讨伐？他们都是违抗天子旨意的逆臣，我当然可以讨伐！"

下属表达失败，成了上司杀他的导火索。

要知道，当时曹操的地位，在全国已经是"一人之下，万人之上"了。虽说还是汉朝的天下，可是汉献帝软弱无权，被曹操牢牢控制。所谓"挟天子以令诸侯"，曹操正是打着天子的旗号，收拾那些不听话的诸侯,比如,刘备这样拒不投降之人。

曹操在发兵前杀掉孔融，告诉人们：反对他的人不会有好下场！

一时间，朝野上下，噤若寒蝉。

然而，很快又发生了一件事。

向上管理

文聘的例子

攻下荆州后不久,曹操命令当地所有干部都来参见自己,那意思是:我现在是你们的新领导了,需要有个见面仪式!

点名时,发现少了一名干部,叫文聘,竟不肯来参加,这触怒了曹操。

诸将中却独不见文聘。操使人寻问,方才来见。操曰:"汝来何迟?"对曰:"为人臣而不能使其主保全境土,心实悲惭,无颜早见耳。"言讫,歔欷流涕。操曰:"真忠臣也!"除江夏太守,赐爵关内侯,便教引军开道。[1]

所有干部都到了,只有文聘不来,曹操派人命令他来,他才姗姗来迟。

曹操很生气:"文聘,为什么就你一个人不肯来?来得那么晚?"

文聘说:"我作为下属,不能效忠于老领导,没能保住荆州。现在沦陷了,我非常惭愧,不想见任何人。"说着不禁哭起来。

瞧,这位干部,你是多么不懂事!你拒绝和新领导见面,还当着那么多人的面怀念起老领导来,这让曹总的面子往哪里搁?

在场的其他干部都在心里打鼓:完了,完了,曹总又要杀人了……

岂料曹总很感动，竟然夸奖文聘："你真是一位忠臣啊！"还让他继续驻守城池，并提拔晋升他，赏赐"关内侯"的爵位。

这是为何？大臣们都懵了。

曹操对待两个下属截然不同的态度，值得思索。

从两个下属的言辞中，能看出什么逻辑吗？

逻辑链条：语言交流背后的模式

两人的言辞，一个惹恼上司，一个打动上司，其实是因为逻辑链的不同。

在逻辑学上，有个著名的"三段论"法则。

人要得出一个结论时，其实需要经过以下三步：

A. 先在意识里有一个预设前提

B. 然后针对目前发生的客观事实

C. 做出事实与前提相一致的结论

人要满足逻辑链的一致性，才能说服自己，不然就会产生认知混乱。如果前提不同，那么针对同一个事实，会得出完全不同的结论。

孔融的例子

孔融和曹操，对于"攻打刘备"这个事实，两人的前提是

不同的:

孔融的前提——刘备是汉室宗亲,身份尊贵。

曹操的前提——刘备是逆臣,因为不听朝廷号令(曹操代表朝廷)。

那么,他们所得出的结论就有天壤之别,如图2-1和图2-2所示。

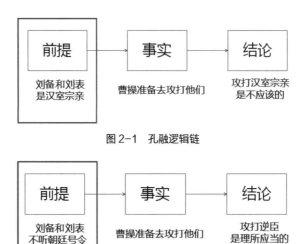

图2-1　孔融逻辑链

图2-2　曹操逻辑链

两人的前提不一致,所以不可能说到一起去,冲突必然发生!

文聘的例子

我们再来看,"荆州干部"文聘为何受到曹操赞赏?因为他和曹操的前提是一致的,两人前提都是"下属应该忠于上司"。这种情况下,即使结论不同,也没有太大关系,如图2-3和图2-4

所示。

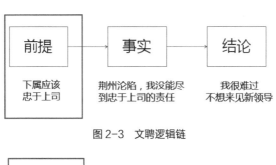

图 2-3 文聘逻辑链

图 2-4 曹操逻辑链

据此,你会发现,两人的前提一致,他们只是针对不同的事实,推导出不同的结论。但因为前提一致,双方有共同的逻辑基础,所以没有冲突。

这两个案例给我们的启发:

A. 孔融失败的启示:如果你的前提和上司的前提不一致,就要小心了!

B. 文聘成功的启示:只要保持了前提一致,那么针对不同事实,得出的不同结论,对方是容易接受的。

总之,一句话:在职场中,你要和上司保持前提一致,才能有共同的逻辑基础,去做后面的改变。

向上管理

失败案例:诸葛亮也没能说服刘备

职场达人诸葛亮,也不是每次都成功。

他也犯过"孔融式"的错误,没能说服刘备。

来看看诸葛亮的一次失败案例。

却说玄德问孔明求拒曹兵之计。孔明曰:"新野小县,不可久居,近闻刘景升病在危笃,可乘此机会,取彼荆州为安身之地,庶可拒曹操也。"玄德曰:"公言甚善。但备受景升之恩,安忍图之!"孔明曰:"今若不取,后悔何及!"玄德曰:"吾宁死,不忍作负义之事。"[1]

刘备问诸葛亮:"曹操大军要来了,小诸,你有什么良策吗?"

诸葛亮说:"我们占据新野这个小县城,资源匮乏,是待不长久的。最近听说荆州集团的刘表总裁病危,我们可以乘此机会夺取荆州来作为安身之地,才能抵挡得住曹操。"

刘备说:"你说得有道理,可刘表是我的恩人,我怎忍心夺他的地盘?"

诸葛亮说:"如果现在不拿下荆州,马上就被曹操攻占了,后悔莫及啊!"

刘备还是不同意"那我宁愿战死,也不能做忘恩负义的事情。"

第二章 换位思考:横看成岭侧成峰,换个姿势更轻松

诸葛亮这次有些郁闷,之前他做的方案计划刘总都很认同,这次却被硬生生拒绝了。

为什么?因为两人的前提不一致。

诸葛亮从军事角度,认为只有夺取大城市荆州,才能有效抵抗曹军,这当然没错。因此,他的隐含前提是"夺得地盘就行,不考虑其他"。

但在刘备心里,他的前提是要做"仁义之事",如果夺取荆州是以"忘恩负义"为代价的话,那他宁愿不要荆州。

两人的前提不一致,所以针对同一件事"夺荆州",得出不一样的结论,如图2-5和图2-6所示。

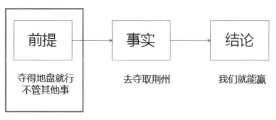

图2-5 诸葛亮逻辑链

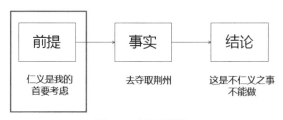

图2-6 刘备逻辑链

所以诸葛亮没和领导保持前提一致,他的建议被否决了。

这可如何是好?

向上管理

曹操大军已到,新野小城守不住了,刘备团队只好紧急撤离。

一路上,百姓们也跟随逃难,这一路可折腾惨了,拖家带口,男女老幼,被曹军追赶,哭声不绝,仓皇逃命。

眼看着敌人马上就要追到,怎么办?

诸葛亮心急如焚:唉,当初如能劝说成功,拿下荆州,何至于今天逃命。

咦,前方有一座城池——襄阳城!它虽不如荆州大,但也是一座重镇,只要占领下来,就可以抵挡曹军。

诸葛亮心想:这次一定要劝说刘总,拿下襄阳城!

然而,刘备还是以同样理由拒绝了:"什么?你让我去夺襄阳城?这也是恩人刘表的地盘,我怎能做一个没有仁义的人呢?"

危急关头,怎样劝说?

说服模型:张辽如何转变关羽的思想

曹军将至,需立刻做出决定。

诸葛亮心急如焚,一筹莫展。

该怎么劝,上司才会接受我的建议?

既要以仁义为前提,又要去占领别人的城池,这二者是矛盾的,无法说服刘总。

老员工关羽得知后,摸了摸长胡子,对诸葛亮说:"有一

个成功的案例,是我自己的故事,或许对你有启发。当年我们被曹操追杀时,我战败被围,曹操的部下张辽成功地说服了我,暂时投降。你知道吗?"

关羽这么一说,诸葛亮想起来一件流传很广的事:张辽劝降关羽。

当年,曹操还不是霸主,刘备也还没来荆州,他们在北方就干过一架了——曹操突袭刘备,刘备乘乱逃走,而他的属下关羽被围困,逃不出去了。

其实,曹操很欣赏关羽,并不想干掉他,只是围而不打,然后派部下张辽去劝降。张辽曾是关羽的老朋友,便骑马来到营前,展开劝降。

但关羽呢,知道张辽的意图,就直接拒绝了:"张辽老弟,你是来劝降我的吧?我现在虽身处绝境,但决不投降曹操。我要做个忠义之人,这样战死了,才对得起我大哥刘备!"

> 关公怒曰:"此言特说我也。吾今虽处绝地,视死如归。汝当速去,吾即下山迎战。"张辽大笑曰:"兄此言岂不为天下笑乎?"公曰:"吾仗忠义而死,安得为天下笑?"[1]

你看,张辽还没说话呢,关羽就义正词严拒绝了。这可怎么办?

请观察,这其中关羽的逻辑链是:

A. 前提：做人要讲忠义

B. 事实：我决不投降，视死如归

C. 结论：这样才对得起我大哥刘备

面对这个逻辑链，张辽要怎么劝降呢？

要知道，张辽当年面对的难题，和诸葛亮今天面对的是一样的：既要保证忠义的前提，又要投降敌人曹操，这二者是矛盾的，几乎不可兼得。

在此，我们推出一个"说服模型"，是之前的"三段论"的升级，增加了一步，是如下的四步法。

A. 第一步：保证和对方一致的前提，这是双方能商量的基础

B. 第二步：扩大这个前提，使它的概念范围更大

C. 第三步：植入新的事实，该事实属于扩大后的前提领域

D. 第四步：得出新的结论

且看张辽是怎么说服关羽的。

第一步：前提一致

张辽说："对！关羽兄，我很认同你说的'忠义'，这是做人的原则。你忠于大哥刘备，就应该不负当年你们'桃园三结义'的誓言，你们还要一起匡扶汉室呢。"

岂不负当年之盟誓乎？[1]

关羽听张辽这么一说，心里放松了：看来你和我观点一致嘛。

第二步：扩大前提

张辽接着说："但是，你今天牺牲在这里，就是忠义了吗？这太狭隘了！更大的忠义是你要活着，才能替你大哥照顾好两位嫂嫂，不然你死了，你两位嫂嫂怎么办？这不是辜负了你大哥的重托吗？"

关羽一听："对啊……我没能保全两位嫂嫂，也是对不起我大哥啊！"

张辽进一步扩大："你只有活下来，才有机会和大哥见面，重新创业啊！留着性命，以后继续为他打天下，这才是更大的忠义啊！而不是你今天牺牲了，却把两位嫂嫂丢下不管，又辜负了大哥的重托，再也没机会辅佐他！你这哪里算是忠义之举呢？"

刘使君以家眷付托于兄，兄今战死，二夫人无所依赖，负却使君依托之重。[1]

关羽听张辽这番话，心里"咯噔"一下：有道理啊……这才是更大的忠义，看来是我之前理解得太狭隘了。

第三步：植入新事实

张辽接着说："所以，为了活下来照顾嫂嫂，重见大哥，你可以暂时投降曹操啊。然后一边替曹操做事，一边打听刘备的消息，如果联系上了，你还是可以逃走的嘛。"

不若且降曹公，却打听刘使君音信，如知何处，即往投之。[1]

关羽一听，心想：也对啊……活下来是关键，暂时投降曹操,又不是一辈子都为他干,以后我还是可以走的呀。

你看,之前他是大义凛然要赴死的,经过张辽这一番话,关羽变得沉默了,开始认同张辽的逻辑链了。

第四步:新结论

张辽说:"这样的话,你就能做到三点忠义。一是能保全两位嫂嫂,没有让她们失去依靠;二是还有机会见到大哥刘备,不辜负当年桃园结义的盟誓;三是你的才能可用来匡扶汉室,安定天下,青史留名。这样的忠义,不是比你今天牺牲更有价值吗?"

一者可以保二夫人,二者不背桃园之约,三者可留有用之身。[1]

至此,张辽的整个逻辑链完成,简直是天衣无缝、滴水不漏啊!

关羽听完之后,不由得频频点头,完全被张辽说服了。

于是,关羽没有战死,而是投降了曹操,并为曹操出力。直到后来听到刘备的音讯,关羽才离开曹营,一路护送两位嫂嫂,去千里之外寻找大哥,有了"千里走单骑""古城相会"等经典故事。

关羽讲完这个案例,诸葛亮恍然大悟:"原来张辽是用这个套路说服你的,太值得我借鉴了!"

转变策略：诸葛亮成功影响了上司

诸葛亮也使用了"说服模型"四步法，劝刘备夺取襄阳城。

我们来复盘一下。之前，诸葛亮的"夺襄阳城"建议失败，是因为刘备的逻辑链是这样的：

A. 前提：仁义是我的首要考虑

B. 事实：去夺取恩人刘表的地盘，襄阳城

C. 结论：这是不仁义的事，我不能做

诸葛亮接下来要劝说刘备改变这个决定，按照"说服模型"的套路，应该是这样做。

第一步：前提一致

刘总，您要保持仁义，我很赞同这个前提！

第二步：扩大前提

但是，刘总，仁义不仅仅是"不抢夺恩人地盘"，更是要保护百姓，抗击敌军，让人民免遭生灵涂炭。您是要对得起刘表一个人呢，还是要对得起千千万万的百姓？

第三步：植入新事实

只有先占领了襄阳城，抵抗住曹军，才能保护好这千千万万的百姓。

第四步：新结论

对得起千万百姓，而不仅是一个刘表，这才是更大的仁义啊！

你看,诸葛亮的逻辑链完成了,也是滴水不漏啊!

听完这番话之后,刘备茅塞顿开,如醍醐灌顶!

对啊,小诸你说得太有道理了。就照你说的办,咱们立即进军襄阳,拿下城池,抗击曹军!

其实要说服领导并不难,关键在于找对方法。

通过巧妙的说服手段,管理好上司的逻辑推演,让他跟着你的逻辑走。诸葛亮的方法,值得职场人借鉴!

职场实践:逻辑链"四步法"模板

逻辑链的说服"四步法",为大家提供一套说辞模板,以供参考。

第一步:前提一致

您觉得应该是_____吧?对,我也觉得应该是这样。

第二步:扩大前提

但是,仅仅这样_____,是不够的/未免狭窄了/还可以更好,如果能够_____那样,才是更大的/更好的_____。您觉得呢?

第三步:植入新事实

那么,如果另外的做法_____。

第四步:新结论

这样才更符合_____(扩大后的前提),不是吗?

2. 看清了价值观，才能高效匹配上司

劝谏无效：没站在上司角度考虑

下属们劝谏无效，往往是因为没站在上司的角度，没弄清上司的真正目的。

诸葛亮在早期就犯过这个错误。

他曾多次劝刘备夺取荆州：这是"兵家必争之地"，曹操、孙权都想夺取，但鞭长莫及；而荆州之主刘表病入膏肓，刘备正好乘虚而入。

但刘备却一连三次拒绝了诸葛亮的提议。

第一次拒绝："但荆州刘表、益州刘璋，皆汉室宗亲，备安忍夺之？"

第二次拒绝："景升（刘表）待我，恩礼交至，安忍乘其危而夺之？"

第三次拒绝："备受景升（刘表）之恩，安忍图之！""吾宁死，不作负义之事。"[1]

理由是同一个：荆州之主刘表是我的恩人，他当年收留过我，所以我不忍心夺取他的地盘。

诸葛亮只考虑了军事效果，应该夺取；但刘备是一个政治家，他考虑的是人心声誉，不该夺取。

前两次，诸葛亮只顾着死劝，没有换位思考。直到第三次，刘备放了狠话："我宁愿去死，也不做此忘恩负义之事！"诸葛亮才醒悟过来：原来是我错了，触犯了上司的核心价值观啊！

当别人说"我就是死，都不去做这事"时，说明这件事与其价值观相冲突，需要非常重视了。

关于 what：上司最关心什么

上司最关心的问题，往往体现了其价值观，只有弄清这个，下属才能找到与之匹配的目标，做出适当的行为。

可以从 what、why、how 三个维度来观察。

先弄清 what：他的价值观是什么？

你会发现，刘备的三次回答都有一个核心理念：仁义。

凡是和"仁义"相违背的事，他都坚决不做，所以不肯篡夺荆州。

但价值观这个东西短时间内不易被发现，如果上司没有表述，怎么能够发现？

这里，我们引入"人格金字塔"，由浅入深，发现价值观。

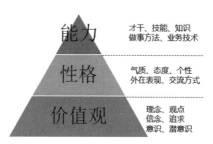

图 2-7 人格金字塔

A. 能力：是最显而易见的，日常中能看到

B. 性格：需要时间去体察，慢慢感觉出来

C. 价值观：埋在意识的深层，平常不易发现，但起着决定性作用

通常情况下，我们看一个人是有个过程的：

首先，看到的是对方的外在能力；

其次，经过时间的磨合，了解了对方的性格；

最后，弄清对方真正关心什么，发现其价值观，这是埋在潜意识里的，平常不一定表现出来。

根据这个模型，层层深入，可以画出刘备的"人格金字塔"。

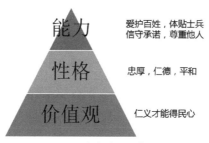

图 2-8 刘备的人格金字塔

这三者是有机、连贯、统一的。

后来，刘备自己也说过一段话，表明了价值观确实如此。

备曰："今指与吾为水火者，曹操也，操以急，吾以宽；操以暴，吾以仁；操以谲，吾以忠；每与操反，事乃可成耳。今以小故而失信义於天下者，吾所不取也。"[2]

他说："现在和我竞争的，就是曹操。我们两个价值观完全不同。曹操急躁，我宽和；曹操残暴，我仁慈；曹操诡谲，我忠厚。价值观是我的优势所在，如果我为了一点小利益而失信于天下，那是得不偿失的。"

弄清了 what，才找到了问题切入点。

关于 why：上司为什么这样想

然后，思考 why：为什么在这个战争频发、尔虞我诈的时代，刘备会秉持"仁义"的价值观？

因为现实环境所致。

比较一下曹操、孙权、刘备三家公司的现实情况。

曹操

财大气粗，国企老总，垄断了整个北方市场（古代经济重心在北方），天下三分有其二，把汉献帝控制在手里。他霸气外露，不需要考虑别人感受，打着"挟天子以令诸侯"的旗帜，想灭谁就灭谁。

孙权

家底殷实，是个富二代，靠着老爸留下的基业，有稳定的经济收入，虽说不如曹操，但保住"一亩三分地"还是绰绰有余的。谁如果侵犯东吴，他就坚决回击，但没兴趣去抢别人地盘。

刘备

连续创业者，没钱、没资源，竞争不过曹操和孙权。但他有一个优势，被汉献帝亲封为"皇叔"，下过密旨让刘备救他，担当着匡扶汉室的责任——尽管这是一个虚名，但却能打造口碑，这块"无形招牌"是最大竞争力。

曹操、孙权拥有的是看得见的资源：土地、粮食、房子、官位、金钱……

刘备拥有的是看不见的资源：仁义道德、汉室宗亲、正义的希望、未来的股份……所以，他必须毫不动摇地坚守"仁义"的价值观，这是他的底牌。

关于 how：上司的表现有哪些

当弄清了 what、why 之后，再来看看 how：刘备基于自己的价值观，是怎么做的？

他的很多行为都印证了"仁义"。

三让徐州

早在争夺北方市场时，有一位叫陶谦的领导，就想把徐州集团让给刘备，但刘备觉得，这样白拿人家的资产，"人设"会崩塌，对粉丝们没法交代，便坚决不要，有了"三让徐州"的故事。

拒杀曹操

刘备和曹操有一段合作期，关系不错。两人在外打猎时，关羽劝他趁机杀掉曹操，以绝后患，但刘备拒绝了："这样背后捅刀子的事，是不仁不义之举，我绝不做。"

三顾茅庐

刘备在荆州，听说有高人"卧龙先生"，便有了"三顾茅庐"的故事，年近50岁了还去求见20多岁小伙子，态度极为诚恳，从此传为佳话，登上了全国热搜榜，塑造了他"礼贤下士"的仁者口碑。

不夺荆州

刘备投靠了刘表，诸葛亮劝他趁机夺荆州，刘备否决了，理由是"刘表收留了我，我怎能抢他的地盘"，也是担心毁掉自己的口碑。

为百姓哭

被曹操大军追杀，刘备在逃亡时，又不忍心抛弃老百姓，一定要带着全城百姓一起走，还大哭了一场，说"因我一人，而害苦了人民"，恨不得跳河自杀。那场景深入人心，成为"皇叔"品牌建设最经典的一个案例！

要塑造一个品牌，成为经典，非常不易；但毁掉品牌却很容易，随便做错一件事，用户就会抛弃你。

刘备一直小心谨慎，维护自己的人设。

人设不能塌,不论内心真假,只要树立了,就要一直保持下去。

他的行为与价值观始终匹配,表里如一,数十年不变,这就是能成大事的原因啊。

迎刃而解:了解价值观的前提下做改变

"原来你是这样的刘备!"诸葛亮终于看懂了。

之前,因为他没看懂,怎么劝都没效果。

现在,他明白上司所想,找到了解决方法。

取襄阳

不久,曹军又杀来了。但这次,诸葛亮学聪明了,不再死劝,而是调整了策略:先尊重其价值观,再做局部的改变。

孔明曰:"可速弃樊城,取襄阳暂歇。"玄德曰:"奈百姓相随许久,安忍弃之?"孔明曰:"可令人遍告百姓:有愿随者同去,不愿者留下。"先使云长往江岸整顿船只,令孙乾、简雍在城中声扬曰:"今曹兵将至,孤城不可久守,百姓愿随者,便同过江。"[1]

诸葛亮说:"樊城太小,守不住,我们要赶紧逃到襄阳城,暂时停留。"

刘备说:"与百姓相处已久,怎么忍心弃百姓而独自逃呢?"

诸葛亮开窍了,这样劝说:"可以通告全城百姓,愿意跟我们走的,就一起走,不愿走的,就留下。"

刘备一听:有道理啊!诸葛亮的劝谏终于符合我的价值观了!于是派人全城广播:"曹军要打来了,父老乡亲们,愿意走的话,就跟我们一起走吧!不愿走的,就自行处理。"

你看,这符合了仁义之心,又不耽误逃亡。

这之后,诸葛亮没有再和上司冲突,他能举一反三了。

后来又发生了一件事:当刘备军队进襄阳城时,被拦在外面。城内分成两派,一派拒绝刘备进入,一派欢迎刘备进入。两派打了起来,死伤惨重。

玄德曰:"本欲保民,反害民也!吾不愿入襄阳!"[1]

刘备叹道:"唉,我本想保护百姓,却没想到现在弄得两派内讧,这是害了老百姓啊,我不进襄阳城了!"

取江陵

眼看着大好机会又丧失,但这次诸葛亮没有再劝,而是尊重上司的想法,做了调整。

孔明曰:"江陵乃荆州要地,不如先取江陵为家。"玄德曰:"正合吾心。"[1]

诸葛亮说:"既然不想进襄阳,那就不进吧。我们先去江陵城,那里也是要塞。"

这次,刘备很快就同意了:"我也这么想。"

所以你看,为什么诸葛亮能管理好上司的想法?那是因为他搞清楚了底层逻辑,问题就迎刃而解。

请记住：只有以价值观为基础，再做局部的调整，才能改变对方。

极具黑色幽默的是：后来曹操夺取了荆州，刘备这时从曹操手上抢荆州，一点也不客气，和之前的态度大相径庭。诸葛亮就特意问了原因。

孔明大笑曰："当初亮劝主公取荆州，主公不听，今日却想耶？"[1]

刘备的回答很值得寻味。

玄德曰："前为景升（刘表）之地，故不忍取；今为曹操之地，理合取之。"[1]

意思是："之前荆州是刘表的地盘，我不能抢；如今荆州是曹操的地盘了，我去抢是合情合理的。"

你看，刘总哪里是优柔寡断呢？其实他心里很清楚：夺好人刘表的荆州，就是违背仁义；而夺坏人曹操的荆州，却是符合仁义的！

所以，我们做下属的，要体察到领导的心思。

助力上司："舌战群儒"品牌宣传活动

弄清了领导所想，诸葛亮的思路清晰了。

不久之后，刘备和孙权结盟，共同抗曹，两家集团签署"战略合作协议"。

向上管理

诸葛亮作为（乙方）刘备集团代表，前往（甲方）东吴集团所在地。

以张昭为首的甲方主管们，轮番向诸葛亮提问，诸葛亮对答如流，上演了三国历史著名的"舌战群儒"故事。

这个故事被后世描绘得神乎其神，俨然成了一场辩论赛。

其实不然。试想，诸葛亮是去和甲方谈合作的，怎敢驳斥他们？跪求都来不及呢，所以绝不是一场辩论赛。

其实，这是一场"刘皇叔品牌"宣讲活动。

诸葛亮真正的意图，是向东吴的全体领导做展示。

A. 我公司的品牌：刘皇叔

B. 我公司的核心价值观：诚信仁义

C. 我公司的愿景：打败曹操，消灭汉贼

D. 我公司的承诺：助您开拓市场，我们童叟无欺

E. 我公司的成功案例：火烧博望坡、火烧新野城、不放弃一个百姓

F. 我公司的条件：攻下荆州后，暂时借给我们，日后必还，请放心

在乙方展示的过程中，甲方的高管们也在轮番提问：你们的产品质量怎样？渠道有哪些？市场占有率如何？怎么竞争得过对手？……

诸葛亮所有的陈述，都是基于刘备公司的核心价值观做出的回答。

【问题一】为什么你们没拿下荆州市场,而曹操就拿下了?

近闻刘豫州三顾先生于草庐之中,幸得先生,以为如鱼得水,思欲席卷荆襄。今一旦以属曹操,未审是何主见?[1]

诸葛亮回答:我们为了保证"仁义"的口碑,讲职业道德,刘表的荆州集团是我们的兄弟公司,所以我们不会乘乱夺取荆州市场,而曹操却不讲职业道德,所以他乘乱夺取。

我主刘豫州,不忍夺同宗之基业,故力辞之。[1]

【问题二】为什么你们丢了大量市场份额,节节败退?

何先生自归豫州,曹兵一出,弃甲抛戈,望风而窜。上不能报刘表以安庶民,下不能辅孤子而据疆土,乃弃新野,走樊城,败当阳,奔夏口,无容身之地。是豫州既得先生之后,反不如其初也。[1]

诸葛亮回答:因为我们核心价值观是"仁义",所以宁愿丢失市场,损失利润,也不忍抛弃一个客户,无论老幼,我们与客户同在。

豫州见有数十万赴义之民扶老携幼相随,不忍弃之,日行十里,不思进取江陵,甘与同败,此亦大仁大义也。[1]

【问题三】曹操集团财大气粗,规模巨大,你们这种小公司,没钱没资源,怎么敢去抗衡人家?

今曹公已有天下三分之二,人皆归心,刘豫州不识天时,强欲与争,正如以卵击石,安得不败乎?[1]

诸葛亮回答:我们虽然小,但始终坚守"仁义"品牌,诚信对待每个客户;曹操公司虽大,却为了上市圈钱,不讲职业道德,还篡夺原公司资产,这种三观不正的公司,不该被消费者所唾弃吗?!

刘豫州以数千仁义之师,安能敌百万残暴之众?……今曹操祖宗叨食汉禄,不思报效,反怀篡逆之心,天下之所共愤![1]

【问题四】曹操是名企老总,刘备是草根创业者,凭什么跟人家竞争?

曹操虽挟天子以令诸侯,犹是相国曹参之后。刘豫州虽云中山靖王苗裔,却无可稽考,眼见只是织席贩屦之夫耳,何足与曹操抗衡哉?

诸葛亮回答:曹操曾是汉朝公司的员工,却篡夺原公司资产,据为己有,这种人的价值观是错误的!而我们刘总,出身名门,是由国家颁发过勋章的,得到了中央的法律认可,价值观一直正确而坚定!

曹操既为曹相国之后,则世为汉臣矣;今乃专权肆横,欺凌君父,是不惟无君,亦且蔑祖,不惟汉室之乱臣,亦曹氏之贼子也。刘豫州堂堂帝胄,当今皇帝,按谱赐爵,何云无可稽考?[1]

在这场"品牌价值"宣讲会上,诸葛亮侃侃而谈,展现了绝佳口才,不卑不亢地宣传了本公司的价值观,打击了竞争对手的价值观,完美地匹配了上司的理念。

职场实践:一步步挖掘上司所想

弄清上司真正想要什么,这很关键,不然就会失之毫厘,

差之千里。在此提供一个思考的模板给大家,包含一些关键要素,可作为参考。

第一步,what

上司的言辞里有哪些关键词?有哪些事他坚决不做?哪些事他一定要做?他经常提到的理念是什么?这是不是其核心价值观?

第二步,why

为什么上司会那样想?是由什么现实情况所影响的?这样做对他最有利吗?如果我是他,是否有同样的选择?

第三步,how

上司日常的行为是否匹配其价值观?他确实这样想并这样做的吗?能否找到足够的行为证据支持?

如果这三步"理念—现实—行为"都一致,那这就是上司真正关心的东西。

然后,你以此为依据做事,基本上都能符合上司所想了。

3. 人性规律一样,巧用脑,科学说服

纠结心理:大老板孙权正举棋不定

在工作中,下属常常面临一个难题:我要说服领导做某个

决策,但表述时缺乏影响力,难以打动领导,沟通效果不佳。

这方面,诸葛亮太值得我们学习了。他只身一人,前往东吴集团,凭三寸不烂之舌,说服了大老板孙权,与刘备联手抗曹。

他是怎么做到的呢?

话说当时,曹操五十万大军南下,孙权犹豫不决:是该抗击,还是投降?

大臣们议论纷纷,主战派和主降派几乎各半。有的认为应该联合刘备集团,共同抗曹;有的认为投降更好,接受曹操并购,一起上市圈钱,何乐而不为?

孙总摇摆不定,他知道这个决定会影响到几十万员工的切身利益。

从内心来说,孙权不想被收购,毕竟这是从他父亲、哥哥手里接管的家业;但从现实来讲,孙权实力弱于曹操,如果竞争惨败,最后连被收购的资格都没有。

人之所以纠结,是因为两个选择各有优势,差不多,才难选。

诸葛亮和东吴的主战派代表鲁肃,两人商量出一套"说服术",用科学的方法影响上司的决策。

三位一体:诸葛亮也懂人脑科学

他们的"说服技巧",竟然与人类大脑结构不谋而合。

也许他们也没意识到,但确实遵循了现代科学理论——"本能驱动—情感激发—逻辑分析"三阶段法则。

这个法则值得在职场中应用,先来看看其理论模型。

20世纪60年代,神经学科学家保罗·麦克莱恩提出了"三位一体大脑"理论,人类大脑由三部分组成。

A.【本能脑】爬行动物脑(Reptilian brain),最早产生

B.【情绪脑】古哺乳动物脑(Paleomammalian brain),中期演化

C.【理性脑】新哺乳动物脑(Neomammalian brain),后期演化

这三个部分,其实就是生物大脑的进化顺序。

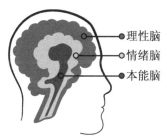

图2-9 人类大脑

A. 爬行动物脑也叫"蜥蜴脑"

顾名思义,它是在远古时期低等动物脑中出现的。这部分控制着人最本能的行为:趋利、避害、进食、排泄、繁殖,就和蜥蜴、蛇、鳄鱼等爬行动物一样,只有原始本能。

B. 古哺乳动物脑也叫边缘系统

它是进化早期的哺乳动物大脑。它控制着人的情绪、记忆,

有了喜悦、愤怒、兴奋、恐惧、悲伤各种情绪，以及对所经历事件的记忆，这也是狗、猫、大象、老虎等哺乳动物所具有的。

C. 新哺乳动物脑又称新皮层

它出现于灵长类动物的大脑里，成熟于人类大脑中。它控制人的逻辑思维、抽象能力、运算能力、推理能力等，是理性的产物，这是人类所特有而其他动物没有的功能。

越是原始的功能，被激发时反应越快；越是后期演化的功能，被激发时反应越慢。

比如，有一个香喷喷的蛋糕摆在你面前，人的大脑反应顺序是这样的。

第一步，本能：香喷喷，勾起了食欲，想吃！

第二步，情感：这么漂亮，仔细看看，好可爱，喜欢得不得了！

第三步，理性：我已经胖成猪了，不能再吃了。

再比如，你和朋友在高速路上飞驰，突然"哐当"撞车了！剧烈的撞击下，你受到惊吓，大脑反应顺序是这样的。

第一步，本能：发出惊叫，手挡住头，身体瞬间防御，保护脆弱部位。

第二步，情感：我会不会死，好害怕；我朋友如果死了，我也会很难过。

第三步，理性：目前情况怎样？赶紧检查车是否燃烧、身体受伤程度、前后方车辆情况、我们能否自行移动、警示牌需

要取出……

这是所有人类的本性,大脑的反应规律是一致的。

所以,面对上司,完全可以根据这三个步骤"定制"一套说服术,管理好他的大脑反应。

且看诸葛亮、鲁肃二人的实施步骤。

本能需求:首先刺激趋利避害的本能脑

鲁肃和诸葛亮,一个是东吴集团的代表,一个是刘备集团的代表,组成了"说服天团",共同开展"说服孙权"的行动。

第一步,鲁肃出场,从"趋利避害"的本能反应角度展开第一轮劝说,告诉孙权将会失去什么。

> 肃曰:"众人皆可降曹操,惟将军不可降曹操。"权曰:"何以言之?"肃曰:"如肃等降操,当以肃还乡党,累官故不失州郡也;将军降操,欲安所归乎?位不过封侯,车不过一乘,骑不过一匹,从不过数人,岂得南面称孤哉!众人之意,各自为己,不可听也。将军宜早定大计。"[1]

鲁肃说:"其他人都可以投降,只有孙总您不能投降啊。"
孙权反问:"为什么?"
鲁肃说:"我们这些下属,如果投降了,无非就是免职,回家当个土财主呗；或者我们当一个小官，也不错。可是您孙总，堂堂的东吴大王，已经是一人之下、万人之上了，投降后，被安置在哪里呢？"

孙权一听，有道理啊！

鲁肃继续说："到时候，肯定要削掉您的权力，限制您的车马、仆从数量，怕您做大，威胁到上面。"

孙权一听，心都凉了。

鲁肃说："您现在已经是东吴大王了。但投降后，您会被封王吗？曹操自己也才是王（魏王），给您顶多封个侯（吴侯）就不错了，级别肯定要降低。哪里能像您现在这样，做一个真正的大王呢？"

孙权点点头："鲁肃，你说得很对啊！"

鲁肃这一番话，其实是给了孙权两个选择。

A. 不投降，你还有机会，做一个真正的大王

B. 投降，你会失去权力，级别比现在更低

换你，你会选择哪个？

A 是得到，B 是失去。

正常人都会选 A，不会去选 B。

这是经济学上的"损失厌恶"心理。

所以，科学的说服策略是：强调 A 选项（你希望对方选择的）会有收益，强调 B 选项（你不希望对方选的）会有损失。对方就会被你引导去选 A。

但请记住,这只是策略而已。

事实真是如此吗?未必。

如果让一个投降派来劝孙权呢?他可能就会换个说法。

A. 不投降:就引发大战,输了会全部被杀,孙总彻底破产

B. 投降:避免了战争,对方也不用大动干戈,孙总会受到优待

你看,如果下属这样劝说上司,孙权多半会选 B 了。

所以,下属的表达方式和侧重点会影响上司的决策。

鲁肃通过第一轮说服,强化了抗曹的好处、投降的坏处,引导着孙权在本能"趋利避害"上做决定。这是成功的第一步,且看接下来第二步。

情绪体验:然后激发喜怒哀乐的情感脑

第二步,是激发大脑的情感。轮到诸葛亮登场了。

鲁肃介绍道:"孙总,刘备那边派来的特使诸葛亮,已在门外等候。他们是和曹操打过的,更熟悉敌情,不如请他来讲讲?"

孙权说:"好啊,快请进来。"

诸葛亮在进门之前,就已经准备好了。

孔明暗思:"此人(孙权)相貌非常,只可激,不可说。等他问时,用言激之便了。"[1]

诸葛亮心想:对于孙权,我只能先刺激他的情感,用激将法。

紧接着，鲁肃之后，诸葛亮上场，表演"激发情绪"。

孔明曰："……愿将军（孙权）量力而处之：若能以吴、越之众，与中国抗衡，不如早与之绝；若其不能，何不从众谋士之论，按兵束甲，北面而事之？"权未及答。孔明又曰："将军外托服从之名，内怀疑贰之见，事急而不断，祸至无日矣！"

权曰："诚如君言，刘豫州何不降操？"孔明曰："昔田横，齐之壮士耳，犹守义不辱。况刘豫州王室之胄，英才盖世，众士仰慕。事之不济，此乃天也。又安能屈处人下乎！"孙权听了此言，不觉勃然变色。[1]

诸葛亮说："孙总，希望您量力而行啊，如果真打不过，何不听从文臣们的建议呢？直接投降好了，向曹操称臣。"

孙权一听，不太高兴，心想：刚见面，你就说这种话？

还没等孙权答话，诸葛亮又说："孙总，您这样犹豫，下不了决心，其实损失会更严重，不如早投降。"

孙权有些急了，反问："那你家刘备为什么不投降？"

诸葛亮笑道："我们家刘总是'皇叔'，汉朝皇室的身份，有着高贵的血统，被天下人仰慕，哪怕打不赢，也不能卑躬屈膝啊！我们可不是那种去跪舔曹贼的人！"

孙权听到这，脸色就变了，非常生气，心想：你这意思，不就是瞧不起我吗？你们有身份、高贵血统不投降，却叫我去投降？我东吴难道低人一等？

你看，诸葛亮的"激发情绪"非常奏效。

孙权情绪上涌，义愤填膺地表态道："我东吴有十万将士，广袤的土地，怎能拱手让人？我要和曹贼开战！决不投降！"

人在情绪波动时，很容易立刻做出决定。无论哪一种情绪，愤怒、自豪、喜悦、嫉妒……只要引发了"情绪脑"，决策行为就产生了。

诸葛亮很好地完成了这第二步。

理性分析：最后引导逻辑思考的理性脑

当然了，情绪来得快，去得也快。

紧接着要实施第三步，也是最重要的一步：理性分析。

孙权回到后堂，冷静下来：我有足够实力吗？能打赢曹操吗？刚才我说的是气话，可是我竟然说出口了……

这时鲁肃又进来说："孙总别生气，诸葛亮还有客观事实没分析呢。"

便又把孙权请出来，诸葛亮展开了第三步说服：引导逻辑思考。

数巡之后，权曰："……然豫州新败之后，安能抗此难乎？"
孔明曰："豫州虽新败，然关云长犹率精兵万人；刘琦领江夏战士,亦不下万人。曹操之众,远来疲惫;近追豫州,轻骑一日夜行三百里,此所谓强弩之末,势不能穿鲁缟者也。且北方之人,不习水战。荆州士民附操者,迫于势耳,非本心也。今将军诚能与豫州协力同心,破曹军必矣。操军破,必北还,则荆、吴之势强,而鼎足之形成矣。成败之机,在于今日。惟将军裁之。"权大悦曰:"先生之言,顿开茅塞。吾意已决,更无他疑。即日商议起兵,共灭曹操!"[1]

这一次,大家才开始理性地讨论问题。

孙权问:"刘备刚吃了败仗,曹操已经夺取荆州要地了,我们合作能打得赢吗?你们的实际能力如何?"

诸葛亮摆事实、讲道理:"孙总您看啊,我来分析一下客观情况。我们虽然吃了败仗,那是因为不忍夺恩人刘表的地盘,但我们的实力还保存着呢,关羽率领精兵上万,刘琦在江夏还有精兵上万,随时都能参战。"

孙权听了,心里有些宽慰:这还不错。

诸葛亮继续分析道:"再看敌军的情况:曹操虽然人数多,但客观来讲,他们从北方远道而来,非常疲惫,白天黑夜急行军,已是强弩之末了。而且,有一个现实问题:北方士兵不熟水性,咱们南方士兵在水战方面很有优势。最后,荆州这个地方虽被曹操占领,可是民心不稳,随时都可能爆发反叛,曹操的后院是很容易起火的。"

孙权听诸葛亮这么一分析,觉得有道理啊!

你看,到这第三步时,诸葛亮不再有情绪上的渲染,而是全在说理,摆出客观的事实,层层递进,抽丝剥茧,做了敌我双方的态势分析。

诸葛亮最后还做了一个科学推理:"如果孙总、刘总联手,打败曹操。到时候,北方势力消减,荆州刘表势力已是一盘散沙了,南方仅存的最大势力是谁呢?就是您孙总啊!与曹操形成鼎足之势,从此您坐稳了江东!"

孙权被说动了,不由得站起身来,朗声说道:"好!诸葛先生一言,让我茅塞顿开!我决定了,共同抗曹!"

诸葛亮和鲁肃,共同使用"本能—情感—理性"的三步走策略,完成了这次对上司孙权的说服战术。

再次强化:周瑜使用了同样的方法

然而,几天之后,投降派并不作罢,很快又再次劝说孙权。

投降派代表张昭就说:"孙总,您这是中了诸葛亮的计啊!他们就是因为吃了败仗,所以来借我们东吴的兵力,这是在利用我们啊!"

孙权低头不语,又开始犹豫起来。

等张昭走了后,主战派的鲁肃也进来劝:"孙总,千万别听张昭唆使。他只是为了保全自己的家产,所以想投降。您不

能被他牵着鼻子走啊!"

孙权更加混乱了,说:"你们都退下,让我自己静一静。"

朝堂之上,下属们议论纷纷,吵成了一锅粥。

孙权在后宫也是寝食难安,翻来覆去地想,摇摆不定。这时,他的母亲吴国太来了。

还是妈妈懂儿子的心,说了一句话:周瑜才是东吴的关键人物啊!他是东吴的最高军事长官,凭借长江天险,据守江东,尤其擅长水战。他的意见最重要,你不如向他咨询?

周瑜这个人也是年轻有为,仅仅比诸葛亮大五岁,就做到了东吴集团的副总,才华和诸葛亮不相上下,两人后来有过多次较量。

三天后,周瑜从前线回来,面见孙总。

周瑜也是主战派,且看他是怎么劝说孙权的。

原来,他的套路与诸葛亮如出一辙,也是按照"本能—情感—理性"三步法。

第一步,从本能的得失心理说起

江东自开国以来,今历三世,安忍一旦废弃?[1]

周瑜说:"我们东吴自开国以来,已经传第三代了,怎么能失去基业呢?"

孙权的"损失厌恶"心理就产生了:对啊,投降就是失去基业,这事怎么能干?

第二步,周瑜从情感上激发自豪感

操虽托名汉相,实为汉贼!将军(孙权)以神武雄才,仗父兄余业，据有江东，兵精粮足，正当横行天下，为国家除残去暴，奈何降贼耶？[1]

周瑜说："曹操虽名为丞相，可他就是个汉贼！而孙总您神武雄才，年轻有为，兵精粮足，应该打天下啊！怎么能去投降老贼呢？"

孙权被周瑜这么一激，自尊心立刻出来了：是啊，我年轻有为，应该大展雄才，凭什么要投降曹操那个老贼？

第三步，从理性上进行客观的分析

且操今此来，多犯兵家之忌：北土未平，马腾、韩遂为其后患，而操久于南征，一忌也；北军不熟水战，操舍鞍马，仗舟楫，与东吴争衡，二忌也；又时值隆冬盛寒，马无藁草，三忌也；驱中国士卒，远涉江湖，不服水土，多生疾病，四忌也。操兵犯此数忌，虽多必败。[1]

周瑜理性地分析道，阐述了四点："曹操犯了兵家大忌：第一是他北边国境不安稳，马腾、韩遂蠢蠢欲动呢；第二是北方军不熟悉水战，这是其劣势；第三是现在寒冬，粮草缺乏，他们后勤跟不上；第四是远道而来，水土不服，曹军已经发生传染病了。"

讲完这四点还不够，周瑜又层层剥茧，理性分析了最关键的要素。

瑜笑曰："瑜特为此来开解主公。主公因见操檄文，言水陆大军百万，故怀疑惧，不复料其虚实。今以实较之：彼将中国之兵,不过十五六万,且已久疲;所得袁氏之众,亦止七八万耳,尚多怀疑未服。夫以久疲之卒,御狐疑之众,其数虽多,不足畏也。瑜得五万兵,自足破之。愿主公勿以为虑。"

权抚瑜背曰:"……孤当亲与操贼决战,更无他疑!"[1]

周瑜笑道:"孙总,您别看曹操宣称'百万大军',那只是虚张声势罢了。我们经过市场调查,发现曹军总共也只有十五六万人而已,这其中还有一半是袁绍军投降而来,军心不稳。所以我预估了一下,五万人就可以打败他!"

孙权听到这里,才算心里石头落了地:"我要亲自和曹操决战。"

最终,孙刘两家签署了"战略合作协议"。

公元208年,孙权和刘备结盟,周瑜、鲁肃、诸葛亮出力,用火攻烧船的方法,在今天湖北赤壁市,打败了曹操,史称"赤壁之战"。这是中国历史上著名的一次以少胜多的战争。自此之后,曹操退回北方,孙权、刘备各夺取了荆州的一部分,奠定了"三国鼎立"的局面。

职场实践:三步法需要考虑的因素

在现实工作中,如果要说服影响他人,需要(但不限于)考虑如下问题,我罗列出来,以供大家参考。

第一步,本能激发

这件事会让对方得到什么?失去什么?我如何强化其中的部分因素,来激发对方的"得失之心"?

第二步,情感影响

对方容易产生何种情绪?怎样挑动一种情绪,和该事件关联起来?强度刺激是否足够?

第三步,理性分析

我自己是否认清了客观事实?哪些关键事实是对方关心的?我如何分步阐述,清晰表达给对方?

第三章

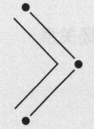

关系维护：天下何人不识君，只要满足人之需

什么样的职场关系最好？不是个人感情，而是需求满足。职场是一个要看到时效的地方，说白了就是，你能帮别人解决多大的问题，别人才会对你有多重视，从而决定你们的关系有多好。

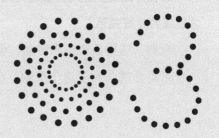

向上管理

1. 让对方需要你，是最好的职场关系

实力悬殊：强势员工 vs 弱势员工

职场中有个普遍现象：因为职级、资历等差距，员工之间难有对等关系，常常会出现以大欺小、恃强凌弱的情况。

老员工欺负新员工，领导欺负下属，正总欺负副总，强者欺负弱者……如果你是弱势一方，碰到这些情况，是据理力争，还是委曲求全呢？

据理力争吧，可就算争赢了，对方实力摆在那儿，以后倒霉的还是自己；委曲求全呢，这也太低声下气了，日子更不好过。

很明显，这两种处理方式都不是最佳方法。

最佳方法是：让对方在某方面需要你，你对他有价值，你们才能保持良好关系。

当然，这句话说起来容易，做起来难。

诸葛亮就遇到了这个难题：在孙刘两家合作期间，东吴的

周瑜就不把诸葛亮放在眼里。

原因很简单：周瑜是东吴集团的二把手，兵多粮足，又大权在握；而诸葛亮只是个刚工作不久的小青年，自己公司又刚吃败仗，丢了市场。

一个强势公司的副总，凭啥瞧得起一个弱小公司派来的小青年？

虽然孙刘两位大老板签署了合作协议，可真在工作上合作，下属之间就出现了矛盾。

周瑜根本瞧不起诸葛亮，想找机会把他"咔嚓"了。

所幸被鲁肃劝阻了："咱们现在共同的对手是曹操，先打赢曹操再说，不要起内讧。"

诸葛亮躲过一劫，但也促使他反思：由于实力悬殊，周瑜蔑视我，我该做点什么来扭转这不平等的职场关系。

深夜里，他抬头看着星空，掐指一算，要变天了，不由得计上心来。

关系法则：能解决痛点才有关系依赖

有一个"黄金关系法则"：需求痛点—特殊提供—长期价值。

图 3-1　黄金关系法则

A. 需求痛点：对方有什么需要解决的问题

B. 特殊提供：我能为此做什么，且是别人提供不了的

C. 长期价值：想办法因此让对方长期需要我

如果能做到上面这三点，你们就能保持"职场的黄金关系"。具体是怎么做的呢？

诸葛亮首先弄清需求痛点：周瑜最需要什么？是弓箭。

因为在长江上打战，船舰之间相隔较远，两军难以近身肉搏，只有远距离武器弓箭最有效。而周瑜短时间内没有足够的箭，这就是他的痛点。

然后诸葛亮顺着这个思路继续想：如果我能解决弓箭的问题，周瑜就需要我，双方关系就牢固了。

于是那天，诸葛亮主动和周瑜交谈。

孔明曰："大江之上，以弓箭为先。"瑜曰："先生之言，甚合愚意。但今军中正缺箭用,敢烦先生监造十万枝箭,以为应敌之具。此系公事,先生幸勿推却。"孔明曰:"都督见委,自当效劳。敢问十万枝箭,何时要用?"瑜曰:"十日之内,可完办否?"孔明曰:"操军即日将至,若候十日,必误大事。"瑜曰:"先生料几日可完办?"孔明曰:"只消三日,便可拜纳十万枝箭。"[1]

这段话符合了"黄金关系法则"的三部分。

A. 对方要什么:缺弓箭

诸葛亮说:"周总,在大江上交战,弓箭最重要。"

周瑜点点头说:"你说得很对,现在我们就缺箭,时间还蛮紧张的。"

诸葛亮主动说:"我们乙方公司可以提供,你要多少?"

周瑜感兴趣了说:"那太好了,我要十万枝箭,能生产吗?"

B. 我能做什么:短时间内提供十万枝箭

诸葛亮说:"没问题,可以提供,请问什么时候需要?"

周瑜正想借此刁难一下诸葛亮,于是狮子大开口:"十天之内交货。"在旁边的鲁肃听了,都大吃一惊:这么短时间怎么可能?

正中下怀,诸葛亮却说:"十天太久了,我三天就能交货。"

周瑜听了,蛮吃惊的,都不相信能在这么短时间内完成。不过周瑜心想:既然你自己承诺的,当然好了!

后面的事情,就是上演了经典的"草船借箭"故事。

向上管理

诸葛亮早就夜观天象，测算出会有大雾天，于是派几十艘小船，扎满了稻草人，驶向曹军大营。曹军看不清敌军阵容，不敢轻易出战，便只在远距离放箭。几个时辰之后，船上就收纳了十万枝箭。诸葛亮羽扇一挥，大功告成，圆满完成了周瑜给的任务。

C. 长期价值：一直到打赢曹操为止

周瑜望着十万枝箭，大感惊讶，却又不得不佩服：这个诸葛亮，果然是神机军师，智慧超群，看来我以后还要多请他帮忙。

"草船借箭"只是小试身手，诸葛亮要的就是长期价值，能一直为周瑜所用，不断地为他出主意。后来，诸葛亮还陆续提供了火攻方法、借东风等服务。周瑜越来越需要诸葛亮，也就不再刁难他了。

两人关系一度变得很好，周瑜对诸葛亮大为赞赏。

你看，这就是诸葛亮的本事。

他是一个弱势员工，面对周瑜这样的强势对手，本来处于危险地位，但找到了对方需求，提供解决方案，让对方从"瞧不起"变成"需要他"，很快就缓和了双方的关系。

三段论述：重新回到 Why—What—How

其实，"黄金关系法则"的本质，与我们第一章提出的理论很相似：why—what—how。

Why：为什么要做这件事？——解决对方痛点。

What：有什么现实资源？——我出力、出想法。

How：解决方法是什么？——具体实施的步骤。

在后来的合作中，诸葛亮多次出力，帮周瑜解决了各种痛点。

尤其在火烧赤壁的前夕，"借东风"成了精彩一笔。

Why：为什么要东南风？解决周瑜火攻的需求痛点。

这一次，周瑜心脏病犯了，生病在床，他是给急的——因为发现隆冬时节，吹的都是西北风，曹操战船在西北，周瑜战船在东南，如果用火攻，风向决定火势，烧不到曹操，却把自己烧着，这可怎么办？

诸葛亮来看望他，说："我有一味药，可以医治您的病痛。"周瑜问："不妨说来听听？"诸葛亮说："万事俱备，只欠东风。"周瑜听完后笑道："对，这就是我目前的痛点，你有什么方法解决？"

What：有何资源？诸葛亮懂奇门遁甲，可以借风。

孔明曰："亮虽不才，曾遇异人，传授奇门遁甲天书，可以呼风唤雨。都督若要东南风时，可于南屏山建一台，名曰七星坛：高九尺，作三层，用一百二十人，手执旗幡围绕。亮于台上作法，借三日三夜东南大风，助都督用兵，何如？"瑜曰："休道三日三夜，只一夜大风，大事可成矣。只是事在目前，不可迟缓。"孔明曰："十一月二十日甲子祭风，至二十二日丙寅风息，如何？"瑜闻言大喜，矍然而起。[1]

诸葛亮说："我曾经遇到奇人，他传授了我奇门遁甲法术，可以呼风唤雨。我可以为你借三天的东南风，到时你火攻曹操。"

周瑜听后大喜，立刻坐了起来。

当然，这是因为诸葛亮夜观天象，发现未来三天会有东南风。但他巧妙地将天气变化，变成了自己的功劳。

所以他摆开架势，大动干戈，来为周瑜解决问题。

How：具体怎么做？建造七星坛，准备好各种物品。

在此过程中，诸葛亮还提出各种条件，比如要一百名士兵归自己调配，要准备各种旗帜物品，不能打扰到自己，以及提供各种便利条件——这些都为他事后悄悄逃离东吴，回到刘备公司做了准备。

而周瑜全部答应，对诸葛亮好得不得了，和最初想杀他时判若两人，这一切都是因为——诸葛亮能为他解决问题，满足需要。

满足需要：曹操为何愿意相信黄盖

职场不是谈感情的地方，而是谈需要的地方。感情固然可以有，但那叫作"锦上添花"，而解决需要才是"雪中送炭"。

给大家两个选项：

A. 小黄与你毫无交情，但他负责的辅助工作，能促进你的

产品销量

B.小蒋与你是老同学,但他负责校园市场,你负责企业市场,两不相关

在工作中,你会更注重与谁的关系?

选A的肯定更多。

为什么?因为职场是和利益相挂钩的地方。

能让你销量提高的人,哪怕没有情感,你也会重视他;和你的业绩不相关的人,即使是老同学,你也不会太重视。

诸葛亮与周瑜非亲非故,没什么感情友谊,但他让周瑜"需要"自己,两人关系一度变得很好。

周瑜打黄盖

其实周瑜也是这么对别人的,有一个经典的"周瑜打黄盖"故事。

周瑜想派人"诈降"曹操,博得曹操的信任,然后里应外合,一举击败曹军,便上演了一出"苦肉计",让黄盖假装受辱,诈降曹操。

一个敌方阵营的员工,给对方总裁写信投降,对方会重视吗?

黄盖假装投降的信是这样写的。

盖受孙氏厚恩,本不当怀二心。然以今日事势论之:用江东六郡之卒,当中国百万之师,众寡不敌,海内所共见也。东吴将吏,无有智愚,皆知其不可。周瑜小子,偏怀浅戆,自负

其能,辄欲以卵敌石;兼之擅作威福,无罪受刑,有功不赏。盖系旧臣,无端为所摧辱,心实恨之!伏闻丞相诚心待物,虚怀纳士,盖愿率众归降,以图建功雪耻。粮草军仗,随船献纳。泣血拜白,万勿见疑。[1]

意思是:曹总,我黄盖是东吴的老臣了,但是周瑜这个年轻人,当上领导后,对我有偏见,上个月侮辱我,打了我一顿。我怎能受这样的侮辱!所以,我想率手下来归降您。到时我们乘船偷渡,把东吴的粮草、装备、水师部队,一起带过来,请您要相信我的诚意!

曹操看到这封来信,就没有怀疑过吗?

曹操当然有怀疑,他心想:一是我与黄盖毫无个人情谊,根本不认识,何谈信任?二是黄盖也算东吴的老臣了,几十年的工作经历,这么大年纪了还要造反?

要知道,曹操疑心很重,他曾经因为住在别人家里,看见别人在磨刀,就以为想害他,而杀了别人全家。周瑜、黄盖这种漏洞百出的伎俩,凭什么能让曹操信得过?

可出乎意料的是,曹操竟然很快就相信了,而且还承诺给黄盖等人封官。

操大喜曰:"若二人能建大功,他日受爵,必在诸人之上。"[1]

甚至还亲自迎接,在半夜二更,带着属下,到江边去欢迎黄盖到来。

操大喜，遂与众将来水寨中大船上，观望黄盖船到。[1]

为啥一个集团老总会对一个从不认识、来投降的员工那么热情？

因为，黄盖满足了曹操的需要，解决了他的痛点！

曹操的痛点是什么？他的士兵都是北方人，来到南方，不懂水战，对东吴水网密布的地形也不熟悉。

北军不熟水战，操舍鞍马，仗舟楫，与东吴争衡，二忌也。[1]

曹操迫切需要水军将领，而黄盖能满足这个需求，他是南方本地人，精通水战，简直是"东吴活地图"，还愿带着一帮部下投降。

盖系旧臣……盖愿率众归降，以图建功雪耻。粮草军仗，随船献纳。[1]

你看，这就是职场关系：如能满足对方需要，无论对方是同事还是上级，都肯定跟你关系好！

A. 需求痛点：曹操的北方士兵不懂水战、不熟地形

B. 特殊提供：东吴老将黄盖带领一群本土员工投降

C. 长期价值：曹操征服整个南方都需要这样的人

最终，曹操不是因为黄盖的诚意或情谊，而是因为自己的迫切需要而选择相信黄盖。当然，后来的结果是，黄盖利用这一点骗得曹操信任，然后有了"火烧赤壁"的成功战役，一举击败曹军。

蒋干盗书

我们再来看另一个反面例子：周瑜和蒋干的职场关系。

向上管理

周瑜、蒋干原是同班同学，一起长大、一起读书，情谊很深。

但是在职场上，他们没有相互需要的关系，而是各为其主。蒋干在曹操公司任职，周瑜在东吴公司当官。结果呢？

就有了三国经典的故事"蒋干盗书"。

蒋干为了自己能被提拔，去劝说周瑜投降。而周瑜也为了自己公司的利益，制造假信息，算计蒋干，骗他一起喝酒，故意装醉，把老同学当猴耍。蒋干为了盗取周瑜公司的情报，也在演戏。

两个老同学，就这样相互演戏，装模作样，都为了工作需要，出卖同学情谊。

所以，回头来看本节开篇提出的那个问题。

给大家两个选项，你觉得在工作中，会更注意与谁保持良好关系？

A 小黄与你毫无交情，但他负责的辅助工作，能促进你的产品销量

B 小蒋与你是老同学，但他负责校园市场，你负责企业市场，两不相关

小黄就是黄盖，小蒋就是蒋干。

职场中的关系，"需求"往往大于"情谊"。

当然，我们要申明一点：并不是说职场只谈利益、不讲情谊，如果利益与情谊能够兼得，当然更好——比如周

瑜和鲁肃，他们不仅是私下的好朋友，更是工作上的好搭档，两人政见一致，价值共鸣，一辈子友谊长存，这是非常难得的。最后周瑜死时，还把军队大权留给鲁肃，可谓是信任至极。

但是，这样好的关系，在职场中可遇而不可求，可以相信它的美好，但别期望过高。仍然要记住这个事实：利益需求是"雪中送炭"，情感维系只是"锦上添花"。

重视程度：间谍依然获得秦王的重视

职场如战场，终归是以实效说话的。

领导对你有多重视，取决于你的价值有多大。

如果你只能做杂务，那领导就把你当下人；如果你能提建议，那领导就把你当顾问；如果你能撑场子，那领导就把你当心腹。

在中国历史上，有一个最极端的例子，领导发现下属耍心眼，不老实，搞欺骗，可是因为下属提供的价值太大了，领导竟然选择了妥协，继续与其保持良好关系，还传为千古佳话。

而韩闻秦之好兴事，欲罢之，毋令东伐，乃使水工郑国间说秦，令凿泾水自中山西邸瓠口为渠，并北山东注洛三百余里，欲以溉田。中作而觉，秦欲杀郑国。郑国曰："始臣为间，然渠成亦秦之利也。"秦以为然，卒使就渠。渠就，用注填阏之水，溉泽卤之地四万余顷，收皆亩一钟。於是关中为沃野，无凶年，秦以富强，卒并诸侯，因命曰郑国渠。

这个故事出自《史记·河渠书》，是中国历史上著名的"郑国渠"。

话说，在战国时期，强大的秦国想要吞并弱小的韩国。

韩国打不过秦国，怎么办？为了消耗对方的实力，想出一个奇葩办法：派一名叫"郑国"的水利工程师去游说秦国，"美其名曰"帮秦国修建大型灌溉设施。这就需要秦国倾全力，征发几十万民力，耗尽资金，用十几年时间才能完成，当然就没有精力攻打韩国了。

于是，郑工程师作为"间谍"，带着韩国的使命，打着"修水利"的旗号，前去游说秦国。

秦王最初蒙在鼓里，觉得修水利很好，便聘用郑工程师，把黄河水引入洛河，绵延千里，灌溉了三百里的平原，开展了声势浩大的水利建设。

七八年过去了，已经修到一半了，秦王才发现这是一个阴谋！那个郑工程师竟然是韩国派来的间谍！秦王气得火冒三丈啊，于是把郑工程师抓来，要杀他："你竟然是敌国派来的间谍！要耗尽我国力！"

第三章 关系维护：天下何人不识君，只要满足人之需

郑工程师倒是很坦白，老老实实承认了："我确实是韩国派来的间谍，但我也是一名专业的工程师。"

秦王怒不可遏啊，要把所有项目人员都杀光。

但郑工程师劝道："大王，修水利对秦国是有长期价值的，而您为此让韩国多延续几年，有何不可呢？您是要长期价值，还是要吞并韩国的短期价值？"

秦王一想：也对啊，孰轻孰重，我还是拎得清的。何况现在水利工程修了一大半，岂能半途而废？那就继续修吧。

秦王继续重用郑工程师，保持了良好关系。郑工程师也呕心沥血，把这项工程全力做好。

数年之后，工程建好了，秦王把它命名为"郑国渠"。郑工程师也得到优厚待遇，被秦王大大奖赏。

从此，秦国有了富饶天下的"关中平原"，粮食产量远高于其他国家，国力变得更加强大，最终消灭了六国，一统天下。

而"郑国渠"也成为中国乃至世界级的水利工程，直到今天都为人们所敬仰，被认定为世界文化遗产。

在这个故事中，我们看到，作为下属的郑工程师，给上司秦王提供了巨大价值——兴修有长远利益的水利工程。这个价值之大，远远超出了其他利益，满足了秦国对农田灌溉的巨大需要。乃至于秦王原谅了这个间谍，还跟他搞好关系，优待重奖。

向上管理

职场实践:维护职场关系的模板

"黄金关系法则"虽只有简单三步,但每一步的具体思考也不少,包含(但不限于)如下问题,以供大家参考。

第一步,需求痛点

对方有什么难题未解?对方在哪方面需要帮助?这个难题是我能够解决的吗?

第二步,特殊提供

我提供的帮助是否比别人更特殊?对方是否因此考虑我为第一合作人?如果别人也能提供,那么我怎样能做到更好?

第三步,长期价值

此事的延伸价值有哪些?怎样让对方更长期需要我?他后续还有哪些需要?我的能力是否足以与对方长期利益绑定?

2. 面对不同个性,懂得切换相处模式

四色性格:职场相处的不同境遇

其实,上下级关系,并不只是你和上司的"一对一关系"。

第三章 关系维护：天下何人不识君，只要满足人之需

在现实职场里，下属之间、下属与上司之间所产生的关系，都会影响到你。

因此，上下级关系不是"单线条"，而是"网状"的。

在工作中，我们必须要考虑周边相关的同事。比如，诸葛亮要面对的同事有：老板的红人（关羽和张飞）、老板招纳的新助手（庞统）、比老板年纪还大的老员工（黄忠）、老板的小舅子（糜芳）、老板想争取的对象（马超）、老板身边的保镖（赵云）、老板的干儿子（刘封）、老板的亲儿子（刘禅）……

和这些同事相是有讲究的，他们都会间接影响到上级和你的关系。

最基本的原则，是按性格分类，切换相处模式，对不同的人用不同的方法。

有许多划分性格的理论，比如：近年流行的"DISC性格"，职场使用较多的"霍兰德职业性格"，专业的"MBTI"心理性格。还有中国的五行人格法，西方的十二星座性格、九型人格法……还有一种最简单明了的人格划分，叫作"色彩性格理论"：蓝色、红色、黄色、绿色。

图 3-2　色彩性格图

诸葛亮将与他打交道较多的这些人,定义为四色性格。

A. 蓝色性格:庞统、法正

B. 红色性格:张飞、孟获

C. 黄色性格:关羽、周瑜

D. 绿色性格:赵云、鲁肃

来看看诸葛亮是怎么跟他们打交道的。

蓝色性格:心思缜密的谋略家

蓝色代表深沉,这类性格的人善于思考,有智慧,有城府,会是出色的谋略家。诸葛亮自己就是蓝色性格,神机军师嘛。

在刘备公司里,还有两个人也是典型:庞统、法正。

庞统

庞统号称"凤雏",与号称"卧龙"的诸葛亮齐名,有句话"卧龙凤雏二者得一,可安天下",他也很擅长计谋。

庞统雅好人流,经学思谋,于时荆、楚谓之高俊。[2]

早在赤壁之战时,就是庞统施展的"连环计"骗得曹操用铁索连接战船,才让东吴有机会发起火攻。可以说,孙刘两家以弱胜强,打败曹操,关键的一计是庞统出的。

所以,刘备授予庞统的职位,和诸葛亮不相上下。

但是中国有句话:"两虎相争,必有一伤。"庞统是副军师,诸葛亮是正军师,两人的职位几乎相当。都是给领导当差,

第三章 关系维护：天下何人不识君，只要满足人之需

为了不引起纷争，最好的方式是把两人的工作任务区分开，各管一块，这样两人才有用武之地，又各不冲突。

所以，当刘备准备进军四川市场时，想让诸葛亮、庞统两人一起跟去，诸葛亮很有智慧，婉言拒绝了，避免和庞统发生冲突。

于是遂请孔明，同议起兵西行。孔明曰："荆州重地，必须分兵守之。"[1]

诸葛亮说："荆州是重地，不能没人，我来镇守荆州，你们去打四川。"

刘总也同意了这个意见，对两人做了分配，一个留荆州，一个去打四川。

亮留镇荆州。统随从入蜀。[2]

在后期，由于市场重点在四川，庞统的地位得到提高，成为正军师。

这时，庞统就有些骄傲了，即使与诸葛亮相隔千里，也发生了一些争锋。当时，诸葛亮写书信，劝刘备在四川要谨慎行事，不贸然进兵，庞统就不太高兴，恶意揣测：这四川市场是我在打，诸葛亮是想阻止我立功吧？

庞统暗思："孔明怕我取了西川，成了功，故意将此书相阻耳。"[1]

你看，蓝色性格的人就是心眼多啊，对一点风吹草动都会很敏感，思前想后的。两人都是"机关算尽"的性格，相处时真要小心翼翼。

但所幸,这种间隙只是远隔千里的揣测罢了,没有演变成实际矛盾。历史上,这两位心思缜密的谋略家并没有机会共事,而是各管一块市场,倒也相安无事。这归功于诸葛亮的未雨绸缪,防患于未然,职场关系处理得很明智。

到后来,庞统在工作中以身殉职,牺牲了,也就没有后续。

法正

在刘备公司里,还有另外一位蓝色性格的员工——法正,他也是谋略家,特别能思考问题,出奇谋制胜,刘备经常让他出主意。但法正这个人呢,私德不是很好,喜欢记仇,给别人穿小鞋。

法正著见成败,有奇画策算,然不以德素称也。[2]

由于当时刘备公司在创业期,需要开拓市场,急需法正这种有才干的人,就算他的私德不好,也不会计较太多。诸葛亮很识大体,从不插手法正的事情,避免和他发生冲突。

有个故事就很鲜明地表达了诸葛亮的态度,这是他不为人所知的一面。

法正为蜀郡太守,凡平日一餐之德,睚眦之怨,无不报复。或告孔明曰:"孝直(法正)太横,宜稍斥之。"孔明曰:"昔主公困守荆州,北畏曹操,东惮孙权,赖孝直为之辅翼,遂翻然翱翔,不可复制。今奈何禁止孝直,使不得少行其意耶?"因竟不问。[1]

这个故事是说：法正当了蜀郡太守之后，就开始报复以前的同事，那些当年给他穿小鞋的人，他都一个一个收拾。有人向诸葛亮告状："法正当了大官，变得霸道，您要批评他啊，不能让他这么横下去。"

当时诸葛亮已经是蜀国丞相了，一人之下万人之上，却表示不管这事："当初刘总危急之时，多亏了法正从四川公司跳槽过来帮刘总拿下四川市场，才有了我们今天的辉煌成就。他有大功，这点小错就算啦。"他竟然不过问法正的错。

你看，诸葛亮真会"做人"，在这件事上几乎没有底线，死活就是不插手法正的事情——他也没有想象中的那么光明正直吧？哈哈。其实人都是有自己的心思的。

对待蓝色性格之人，诸葛亮的态度就是：不闻、不问、不发生冲突，三不管原则。尽量避开和这样的同事共事，当个和事佬。

但后来，法正也去世了，这事也就到此为止了。

红色性格：情感直率的直肠子

与蓝色性格的心思缜密不同，红色性格的人是藏不住心思的。

张飞

张飞就是典型的红色性格。他的性情像火一样炽烈，高兴了就大笑,生气了就大怒,直肠子一个,所有的情绪都会表露出来。

庞统猜测诸葛亮时,是心里嘀咕,而张飞排斥诸葛亮时,是直接怼的,就像这样。

刘备问张飞:"敌军夏侯惇到来,我们压力很大啊,如何应敌?"

张飞却很不爽,情绪化地怼领导:"你不是说诸葛亮很厉害吗?你让他去应敌啊,问我们这些武将做什么?"

他的情绪是直接表现出来的。

再比如,诸葛亮第一次做活动时,大家都不太相信他的能力,私下里有所质疑,只有张飞一个人是直接说出来的,当着所有人的面给他脸色看。

张飞大笑曰:"我们都去厮杀,你却在家里坐地,好自在!"[1]

张飞大笑道:"诸葛亮,你安排我们都出去厮杀、打仗,你自己倒好,坐在家里,你好自在啊!"然后当着所有员工的面,冷笑而去。

面对红色性格的人,诸葛亮怎么处理关系呢?

这反倒更容易:他们情感外露,喜怒都表现在脸上,其实心里却没有城府。相比于蓝色的谋略家,红色性格的人反倒更真诚,态度也显而易见。思维简单,爱就是爱,恨就是恨,直截了当,简单粗暴,不会磨叽。

所以，诸葛亮第一次面对张飞时，也简单粗暴地回应他。

孔明曰："剑印在此，违令者斩！"[1]

意思是：张飞，你不听话是吧？当着所有员工的面反驳我？那我也不废话了："刘总的剑印在此，现在是我在使用，不听安排的人，立刻斩首！"

红色性格的人是爱憎分明的：你没本事，我就不服你！你有本事，我就佩服你！

诸葛亮知道，只要自己做出业绩，证明实力，张飞就会心悦诚服。果然，很快，诸葛亮策划"火烧博望坡"，打了个漂亮的大胜仗！张飞就转变态度了，大为赞叹起来。

却说孔明收军。关、张二人相谓曰："孔明真英杰也！"[1]

从此之后，张飞对这个神机军师，那是言听计从。

对张飞这种同事，你只要有真本事，镇得住他，他就真诚地表示和解，没什么心眼。

比如，后来有个叫严颜的敌军将领，就让张飞从愤怒立刻转变为佩服。

飞怒，令左右牵去斫头，（严颜）颜色不变，曰："斫头便斫头，何为怒邪！"飞壮而释之，引为宾客。[2]

意思是：张飞很生气，要杀俘虏，命人把这个敌军将领严颜砍头。岂料严颜并无惧色，大义凛然说："砍头就砍头，有什么怕的！"张飞很佩服对方的勇气，马上就给他松绑了，还把他奉为座上宾。

你看,红色性格的人就是这样简单粗暴,思维简单。

孟获

诸葛亮对红色性格的人,方法就是做出成绩,坦诚相待,让对方心悦诚服。

蜀国还有个孟获,也是这样的人。他原是南方少数民族首领,反叛蜀国,诸葛亮亲率大军去收服,很快把孟获给抓了。孟获是个直肠子,不服气,说自己大意了,要求再和诸葛亮打一仗。

诸葛亮知道,对待这种人就要坦诚相待,于是放他回去,再次较量。

后来,他们相互间共较量了七次,这就是三国著名典故"七擒孟获"。

最终,孟获心服口服,对诸葛亮崇拜得五体投地,非常坦诚地投降了。

> 遂同兄弟妻子宗党人等,皆匍匐跪于帐下,肉袒谢罪曰:"丞相天威,南人不复反矣!"孔明曰:"公今服乎?"获泣谢曰:"某子子孙孙皆感覆载生成之恩,安得不服!"[1]

而诸葛亮对待这种性格的人,也很坦诚,把得胜的土地全部还给他,还设酒宴好好款待,与他化干戈为玉帛。

> 孔明乃请孟获上帐,设宴庆贺,就令永为洞主。所夺之地,尽皆退还。[2]

最后,孟获高兴得不得了,红色性格油然而生。你看他的表现，是所有情绪都表现在外，欢呼跳跃。

孟获宗党及诸蛮兵，无不感戴，皆欣然跳跃而去。[2]

因此，在职场中对待红色性格的人，像诸葛亮这样坦诚相待是最简单有效的方式。

黄色性格：坚毅执拗的自恋者

黄色性格的人很坚毅，有执着的信念，他们为了一个目标，可以坚定地走下去，哪怕困难再大，也不会动摇。

这种人韧劲足，能成大事，但也正因为有本事，他们往往自视甚高，非常骄傲，瞧不起别人。

关羽

在刘备公司里，谁是典型？关羽。

你看关羽一生，信念坚定，能力超强，他做的事都是一般人做不到的，留下的典故也是三国里最多的。

温酒斩华雄——关羽还是个基层员工时，就敢挑战敌军的大将华雄，同事敬他一杯热酒，说喝了再去杀敌，关羽骄傲地说"我去去就回"，出去单挑敌人，几招就秒杀了华雄，提着人头回来，那杯酒还是温热的！

斩颜良诛文丑——敌军中有两员悍将颜良、文丑，我方阵营久攻不下，只有关羽根本不在乎，连士兵都不带，自己单枪匹马，闯入敌营，砍了这两员大将的脑袋回来，吓得敌军全面崩溃。

千里走单骑——关羽本来享有朝廷的荣华富贵,级别高、待遇好,但他为了履行承诺,寻找大哥刘备,硬是舍弃了丰厚待遇,离职跳槽,在当时没有通信的条件下,护送着嫂嫂行走千里,凭借执着的信念,终于在茫茫中国大地上找到了大哥刘备。

刮骨疗伤——关羽被敌人的毒箭射中,手臂重伤,名医华佗说要动手术才能医治,这是常人忍受不了的剧痛,打麻药、绑住病人、再用刀切开烂肉。但关羽很傲气:区区手术,何足挂齿!于是麻药也不打、手臂也不固定,一边动手术,一边谈笑风生地下围棋,那气概简直震撼了所有人!

他简直活成了一个传说,牛得不得了的,还有"单刀赴会""水淹七军"许多的典故,乃至于后世尊称他为"武圣人",无论白道黑道都把他当偶像。

对这种能力卓越、信念坚定的人,让他担当重要任务最好了。

荆州是最重要的地盘,兵家必争之地,诸葛亮建议让关羽来守卫最合适。

但也正因为他很优秀,所以,他很傲气,《三国志》中对他做出这样的评价。

羽报效曹公,飞义释严颜,并有国士之风,然羽刚而自矜……[2]

意思是,关羽是国家的栋梁,然而他也刚强固执,自视甚高。

第三章 关系维护：天下何人不识君，只要满足人之需

毕竟，人家有实力，谁比得上他，谁有他厉害。他就是天下第一大将军。

因此，他也得罪了很多人，比如，孙权想与他联姻，把女儿嫁给关羽的儿子。关羽竟然瞧不上人家，觉得自己是汉朝的功臣，孙权算什么，还把使者骂了一顿，影响很不好。

比如，在攻打敌军时，大家说敌人很强大，千万要小心，关羽却傲气得不行，故意表现能耐，一定要以少胜多，连刘备都拦不住。

云长曰："军师何故长别人锐气，灭自己威风？量一老卒，何足道哉！关某不须用三千军，只消本部下五百名校刀手，决定斩黄忠、韩玄之首，献来麾下！"玄德苦挡。云长不依，只领五百校刀手而去。[1]

这就是典型的黄色性格：能力强，意志强，坚持己见，自信心爆棚。

怎么和黄色性格的人打交道？

诸葛亮的方式是，不要硬碰硬，不触犯对方自尊心。

等关羽带兵走后，诸葛亮悄悄建议刘备："关羽一定要以少胜多，太轻敌了，恐怕会失败，咱们在后面接应他，但别让他知道了。"

毕竟，人家有真本事，在公司里业绩最好，没有他，全公

司业绩都要减少一半。连老板都顺着他,你就更得顺着他了。如果人家不乐意,你就哄着,悄悄地在背后补充,还不能伤他的面子,让他自我感觉良好。

关羽的傲气,也隔一段时间爆发一次。

这不,当他听说刘备招降了一员猛将,名叫马超,他又不乐意了,想去跟马超较量一下武艺,写信来询问。

平拜罢,呈上书信曰:"父亲(关羽)知马超武艺过人,要入川来与之比试高低。教就禀伯父此事。"玄德大惊曰:"若云长(关羽)入蜀,与孟起(马超)比试,势不两立。"[1]

职场中这种员工也是让人很为难啊:他功劳大,本事高,也因此被惯坏了,动不动就耍大牌。

诸葛亮这次怎么应对呢?

还是同样的套路:不跟这种人硬碰硬。并回信给关羽,大大赞扬了他一番,甚至达到"吹捧"的程度了,让关羽感觉很有面子。

云长拆开视之。其书曰:"亮闻将军欲与孟起(马超)分别高下。以亮度之:孟起虽雄烈过人,亦乃黥布、彭越之徒耳,当与翼德并驱争先,犹未及美髯公之绝伦超群也。今公受任守荆州,不为不重;倘一入川,若荆州有失。罪莫大焉。惟冀明照。"

这段话里，诸葛亮从两点对羽关进行了"吹捧"。

一是关羽个人超级牛：关将军，那个马超怎能跟您相比？他只相当于汉朝时期的黥布、彭越这样的小角色，跟张飞水平倒是差不多；您可是相当于汉朝的韩信、曹参这样的国家重臣。马超和您完全不是一个重量级啊！

二是关羽地位最高级：关将军，您驻守荆州，这可是咱们公司最重要的事情了，只有你能担得起这个巨大任务！咱们可都要仰仗您的，您何必为了和马超比武这种小事，影响了全公司绩效呢？

这一通赞誉，可把关羽捧得飘起来。

云长看毕，自绰其髯笑曰："孔明知我心也。"将书遍示宾客，遂无入川之意。[1]

关羽看完此信，得意扬扬，很是受用，还把这封信给属下看，说"还是诸葛亮最懂我，哈哈"，骄傲得不行，仿佛说：看见了吧，公司里还是我最牛吧？

对对对，您最牛，您本事可大了，公司能有今天，可不都靠您吗？

对待黄色性格的人，就是一边把重大任务交给他，一边捧他、夸他，他的自信心和虚荣心都爆棚了，而且觉得你最懂他了。

但"成也萧何，败也萧何"，黄色性格的人自信又自大，发展到后期，如果没人提醒，就愈发目中无人，最终崩塌。关羽很不幸，大意失荆州，被敌军打败，危在旦夕，可是同事们竟然都跟他关系很差,没有一个愿意来救他的。

又南郡太守糜芳在江陵,将军傅士仁屯公安,素皆嫌羽轻己。羽之出军,芳、仁供给军资,不悉相救,羽言"还当治之",芳、仁咸怀惧不安。于是权阴诱芳、仁,芳、仁使人迎权。

南郡太守糜芳、公安太守傅士仁,本来都是关羽的同事,而且是战略上相互配合的重要搭档。但是关羽呢,平常太自负了,根本瞧不起他俩,让二人心里很不满。关羽要出兵打仗,命令二人把军用物资准备齐全,但时间太紧,根本来不及筹备,关羽就骂他们:"你们办事能力太差!等我收兵回来后,好好收拾你俩!"这更让二人惶恐不安了。

结果,关羽被敌人偷袭,危在旦夕,让糜芳、傅士仁快来救自己,可是两个人都不愿去救他,心想:你平常对我们那么苛刻,我们为什么要帮忙?两人竟然投降了孙权。最终,关羽孤立无援,被杀身亡。

所以,黄色性格的人太骄傲,乃至于同事们都不帮他,最终是自取灭亡。

在职场里,对待这种同事,如果你惹不起,就哄哄他好了。他对公司的贡献肯定是大的,但脾气也很伤人,你就学诸葛亮那样,赞扬一番,给些面子算了。

当然了,如果你有能力跟这种人斗一斗,灭灭他的威风,压制一下他嚣张的气焰,也是有方法的。

第三章 关系维护：天下何人不识君，只要满足人之需

周瑜

比如东吴的周瑜，也是典型的黄色性格。他意志坚定，是主战派，力排众议，坚决抗击曹操；能力超强，统领全国水军，计谋数一数二的，多次骗得曹操团团转。但他也自负傲气，对诸葛亮瞧不上眼，说"既生瑜，何生亮"，还多次想暗害诸葛亮。

面对这样的同事，就该反击啊！找个适当的时机，灭一下他嚣张的气焰。

要知道，黄色性格的人是很要面子的，总爱把自己形象做高。诸葛亮就经常不给他面子，用计谋骗得他晕头转向，一会儿偷袭周瑜的城池，一会儿将计就计设下圈套，搞"游击战"对付他。总之，让周瑜常常扑空，气得他火冒三丈，有了三国著名的典故"三气周瑜"。

最后，诸葛亮还将计就计，破了周瑜的"美人计"，让刘备娶回东吴的孙夫人，气得周瑜吐血大病，还留下一句嘲笑的话："周郎妙计安天下，赔了夫人又折兵！"

周瑜听到这话，颜面扫地，又恨又怒，自尊心受到极大打击。不久之后，旧病复发，英年早逝。

所以，面对黄色性格的人，有正反两招搞定他：一是肯定他，他的自信心很快就会爆棚；二是击败他，他的自尊心也会很快受挫。

向上管理

绿色性格:平和不争的支持者

绿色性格的人,比较平和,踏实,和大家关系也处得好。他们没有争强好胜之心,不喜欢出风头,不惹事,非常适合做朋友。

当然,他们也有缺点:不太有主见,也没有强烈的企图心,领导让干啥就干啥。他们可以成为坚定的支持者,但不会去做独当一面的管理者。

赵云

赵云,是典型的绿色性格。

他一直都是刘备、诸葛亮身边最得力的助手,从不和领导争执,做事让人很放心。他不是领兵作战的大将军,而是长期担任警卫长。

对待绿色性格的员工,诸葛亮非常信任,很多机密事务都交给他。比如,诸葛亮从东吴悄悄撤离时,为了确保绝对安全,就指定了赵云来接。

孔明曰:"吾已料定都督不能容我,必来加害,预先教赵子龙来相接。将军不必追赶。"[1]

再比如,诸葛亮要重回东吴去吊唁死去的周瑜,为防止东吴将领加害他,也是点名让赵云陪着去才放心。

乃与赵云引五百军,具祭礼,下船赴巴丘吊丧。[1]

第三章 关系维护:天下何人不识君,只要满足人之需

后来,刘备要深入虎穴,去东吴迎亲,诸葛亮也指定让赵云跟随。

玄德怀疑不敢往(东吴)。孔明曰:"吾已定下三条计策,非子龙(赵云)不可行也。"遂唤赵云近前,附耳言曰:"汝保主公入吴,当领此三个锦囊。囊中有三条妙计,依次而行。"即将三个锦囊,与云贴肉收藏。[1]

对待这样的员工,只要信任他就够了。他也会回报你绝对的忠诚。

但绿色性格的人的弱点就是,他们没有企图心和领导力,更没有强烈的目标追求。你可以让他当一个杰出的助理、副手,但他很难独当一面,尤其做更复杂的大项目。

所以,诸葛亮从没让赵云独当一面,对赵云的定位也一直是"警卫长"这种支持型角色——比如关羽可以独当一面,镇守荆州,马超可以独当一面,镇守西凉,但赵云一直是保镖的身份。

有个故事可以看出来,赵云曾经想尝试做一个复杂的项目,却不被诸葛亮授权。

"我虽年迈,尚有廉颇之勇,马援之雄。此二古人皆不服老,何故不用我耶?"[1]

这已经是几十年后了,赵云年纪很大了,那些比他年轻的,比如关羽的儿子关兴、张飞的儿子张苞,都负责重大项目了,而赵云却还是辅助别人,乃至于自己都有些不满。"我想独立

负责一个大项目,虽然我年纪大了,但还有古代大将廉颇、马援那样的勇力,此二人当年都不服老,为什么我就不能呢?"

但是,诸葛亮还是没让赵云负责重大项目,始终把他当作辅助的角色。

鲁肃

除了赵云,东吴的鲁肃也是绿色性格。他敦厚朴实,没有心眼,能力也一般,但正是由于他的人品好,被大家信得过。

孙权、刘备、诸葛亮、周瑜都很信任他,他是各方的"黏合剂",连接孙刘两家,助成了抗曹联盟。

但鲁肃长期都是个辅助角色,作为各方的联络人、润滑剂存在。

对待鲁肃这种角色,诸葛亮也不耍心眼,而是非常信任,当作朋友。诸葛亮出使东吴期间,没有一个熟人,就是靠着鲁肃帮忙,一次次化解危机。两人一生都是好朋友。直到鲁肃去世时,诸葛亮还在千里之外为他吊唁。

绿色性格的人,普遍当朋友很合适,但做大事都不太行,缺乏足够的气场和野心。赵云是这样,鲁肃也是这样,比如鲁肃后来接替了周瑜的职位,当了东吴集团的二把手,但他的决断力明显比周瑜差远了,各项牵头的工作也做得没有起色。

比如,鲁肃多次向关羽讨要荆州,都无功而返。

最后鲁肃和关羽谈判,想暗中捉拿他,岂料反被关羽抓住手，用刀威胁，吓得不轻，这就是三国著名的典故"单刀赴会"。

云长右手提刀，左手挽住鲁肃手，佯推醉曰："公今请吾赴宴，莫提起荆州之事。吾今已醉，恐伤故旧之情。他日令人请公到荆州赴会，另作商议。"鲁肃魂不附体，被云长扯至江边。[1]

结果就是，鲁肃担任高管期间缺乏气场，没有立下什么功劳。这就是绿色性格的人，不适合执掌一方大权。

职场实践：不同性格的相处应用

在真实的职场环境中，我们会遇到形形色色的人，做好心理预期，对同事们有不同的分类，是赢在职场的重要一环。

第一步，整体分类

从言行上判断，部门里的同事分别是什么性格色彩的人？上司、关键决策人是什么性格色彩？我自己属于什么性格色彩？

第二步，建立模式

我和蓝色性格的小张如何打交道？和红色性格的小丽如何打交道？和黄色性格的赵总如何打交道？和绿色性格的小李如何打交道？

第三步，适时调整

并非每个人只有一种性格，在不同情境下，他们会有何变化？在特殊事务中，我需要一视同仁时，如何面对所有人？

向上管理

3. 成为关键人，上司也得有求于你

关键下属：掌握关键环节有影响力的人

中国有句古话，叫"县官不如现管"。

县官虽有权力，但下属掌握着某个关键环节，反而更有影响力。

这称为职场的"关键下属"。

有的上司习惯了高高在上，忽视这类下属，导致全盘皆输；有的上司重视了这类下属，给对方极大尊重，从而赢得了局势。

上下级的关系，在这个关键点上，是有特殊性的。

三国历史上，就有一个"关键下属"张松，因为他一个人的因素，导致了两大集团的局势逆转：曹操大败，刘备大胜。

让我们来看看发生了什么。

张松，是益州公司（今四川）的行政部主任。

虽然他职位不高，只管些常规事务，但他掌握着非常重要的一份资料——整个四川的地形图。

第三章 关系维护：天下何人不识君，只要满足人之需

为什么这个地形图重要？因为四川自古被誉为"天府之国"，但蜀道难走，"蜀道之难，难于上青天"。雄关漫道，难以攻入，外人想要进入四川，比登天还难，除非获得地形图。

在太平时期，大家都不重视地图。但天下大乱时，各方势力竞争激烈，四川这个"天府之国"就成了争夺的肥肉，张松手中的地图就显得很重要了。

谁能把张松"挖"过来，谁就能顺利进军四川。

本来曹操最有希望得到，还约见了张松一面，张松呢，也想借此机会，跳槽到曹操公司。

可见面之后，张松特别失望，因为曹操太爱摆领导架子了。

先是规矩太多，设置了重重关卡，让张松等了三天，才登记名字见面，门卫还向他索贿。

张松候了三日，方得通姓名。左右近侍先要贿赂，却才引入。[1]

然后见了面，曹操看到他样貌不佳，又不太高兴。

操先见张松人物猥琐，五分不喜。[1]

最后，曹操又做出高高在上的样子，质问："小张，你们益州公司的刘璋经理怎么不向我进贡，这是为什么？"

操坐于堂上，松拜毕，操问曰："汝主刘璋连年不进贡，何也？"[1]

这让张松心里很不快，心想：四川地图在我手上，你这么不尊重我，我还懒得给你呢！就和曹操吵了两句。

曹操也来火了：你一个部门主任，算什么呢！敢在我面前妄自尊大？想跳槽也不懂得尊敬我这个CEO？于是硬生生逼走了张松。

操怒气未息。荀彧亦谏。操方免其死，令乱棒打出。

张松心里气啊，恨恨想着：你曹操虽然是集团的CEO，而我只是一个分公司的小主管，但没我这个关键人物，你休想进军四川市场！

张松又转念一想：此地不留爷，自有留爷处，我不如去另外一家刘备公司那里看看？听说他的"仁义"品牌响亮，口碑不错，或许更适合我呢。

明智决定：遇见刘备式领导就别放过

很快，刘备也接见了张松。

和霸气侧漏的曹操不同，高举仁义品牌的刘备，对他非常客气。

先是派赵云在几百里以外迎接他，备好好酒好肉，专车接送。

赵云曰："然也，奉主公刘玄德之命，为大夫远涉路途，鞍马驱驰，特命赵云聊奉酒食。"[1]

张松心里开始感动了。

松自思曰："人言刘玄德宽仁爱客，今果如此。"[1]

然后，刘备开着车亲自来接他，而且早早在车站等候。一见到张松，那是相当客气啊："久闻您的大名，如雷贯耳啊！如果您不嫌弃的话，到我们公司来坐坐，聊聊天，喝喝茶。"

人们都说刘备很会演戏，可人家能坚持演一辈子，见到谁都客客气气，礼贤下士的样子，这就让下属们很感动啊。虽然说的都是客套话，但比那些颐指气使的领导强多了，至少听着心里舒服。

员工都是居于下位的人，一旦受到上级重视，哪怕是形式上的重视，大多会受到感动。尤其是像张松这样的"关键下属"，自己有实力，更想得到领导的赞誉、认可，很在乎面子，刘备的一番言辞让他很是受用。

张松把曹操、刘备一比较，就觉得刘总真好！两人聊了三天三夜，刘备对他非常客气，又是陪游玩，又是陪吃喝，张松心里感动坏了，心想：自己区区一个四川公司的小主任，居然得到全国知名大咖刘皇叔的青睐。

如果在职场中，有个上司对你这样好，有两种可能：一是这个上司真的人品好，素养高，比如像刘备；二是你能决定某个关键环节，是别人所需要的，而这个上司慧眼识珠，看中了你。

要是你遇到这种上司，那可太难得了，要抓住机会。

张松就是这样做的，决定投靠刘备，把自己的绝密资料贡献出来。

松于袖中取出一图,递于玄德曰:"松深感明公(刘备)盛德,敢献此图。但看此图,便知蜀中道路矣。"[1]

刘备得到了这份地形图,对整个四川市场了如指掌,从此奠定了他的大业,迅速打开市场,建立了蜀国政权。

而曹操失去这个机会,在攻取四川时大败,因此再也未能踏足四川。

看完这两个案例,可以想想:职场中有哪些人容易成为"关键下属"?我们自己能否成为"关键下属"而受到上司的青睐?

关键岗位:那些具有特殊影响的角色

通过张松的案例,我们来思考一个问题:他受到刘备礼遇,是因为本人能力强,还是因为他的岗位职责?

回顾一下,在两个案例中,张松并未表现出个人才能,而是始终和他的岗位有关——行政部主任,拥有地形图,这才是领导们最需要的。

这是职场中的普遍现象,叫作岗位决定人的境遇。

一个问题:如果公司里有这两类人,你会更关注谁?

A. 甲员工能力一般,但他的岗位职责对你影响大

B. 乙员工能力卓越,但他的岗位职责对你没啥影响

通常来说,人们会更关注甲员工,因为他的一个决定、反

馈会影响到你的工作，哪怕他脾气不好、能力不够，你也多半会忍着。而乙员工就算很优秀，但跟你工作没啥关系，除非有亲密的友情，不然就是可有可无的。

同样，如果你自己处于某些"关键岗位"，即使级别不高，只是一个普通下属，但同事们、领导们也会很关注你。

职场中，关键岗位的下属罗列一下，大概有这么三类。

A. 领导角色的延伸：跟班、秘书

B. 要害部门的职员：财务、人事、行政、后勤等干事

C. 改变局势的助推人：某些关键时刻起决定作用的角色

如果你是这几类下属，那么平常受到的礼遇，会比别的同事更多，甚至其他部门的领导也会对你很客气。你有岗位优势，能在职场中获得更多人脉、资源、机会——当然，别忘了，这一切是岗位赋予你的。

如果你是领导，面对这些下属时，最好是收起高高在上的感觉，多一些亲和力。不要学曹操那样霸气，应该学刘备的礼贤下士，哪怕是装，也要装得像一点、久一点，如此下属的心理感知会好很多，愿意为你提供关键的便利。

咱们就来分别阐述一下这几类不同的下属。

跟班和秘书：具有领导延伸权力的下属

第一类下属：跟班、秘书，他们级别不高，但却是"领导

的眼、嘴、手、脚",领导的权力是通过他们延伸出去的。

在古代,最典型的就是太监。皇帝身边的一个小太监,在职位上不如任何大臣,连九品芝麻官也比他级别高。但是,你敢惹一个县官、巡抚,可你敢惹皇帝的小桂子、小李子吗?恐怕巴结都还来不及。

唐朝太监高力士,一句话就可以让诗仙李白受到冷落,从此与皇宫无缘;明朝太监魏忠贤,替皇帝代言,满朝文武都要讨好他,竟然为其造"生祠";清朝太监韦小宝,无所不贪,脚踩几只船,连宰相索额图也要跟他搞好关系;清末太监李莲英,是老佛爷慈禧的大管家,连一代名臣曾国藩、李鸿章也要对他客客气气。

所以,职场中的"级别高低",不仅体现在人的岗位级别,还体现在这个岗位的延伸角色——秘书、助理、跟班、侍从,等等。他们是老板的传声筒,是上司的千里眼,是领导的手、脚、眼、嘴。

如果你是这类下属,那么恭喜你,获得了超出自身之外的权力,能"站在巨人肩膀"上得到加持,迅速成长。别人对你的尊敬程度,不是取决于你,而是取决于你背后的那个人。

三国后期,诸葛亮的接班人姜维大将军,执掌蜀国军权十年,统领千军万马,但他对于一个叫黄皓的太监却无可奈何,还常常受其要挟。为什么?因为黄皓是皇帝刘禅的侍从,是皇帝身边的红人,如果得罪了黄皓,就是得罪了皇帝,俗话说"打狗还需看主人"。

当然，这样的下属，妄自尊大，狐假虎威，不值得学习，他们只是权力的衍生物罢了。

但在职场中，如果你身处这类职位，毕竟还是一件美差。只要心态摆正，机会就比别人多很多，借助上司的力量，成就自己的人生。

古往今来，正面的例子有很多。

比如，明朝有一位太监，叫郑和，他借着明成祖的权力，七下西洋，巡游亚洲、非洲，一生功勋卓著，又玩了吃了，见了世面，还青史留名。

比如，唐朝有一位秘书，叫武媚娘，最初只是给唐高宗当助理，在他生病时帮着看文件，结果看出了雄心壮志，成为国家的实际掌权人。

比如，三国有一位跟班，叫许褚，最初只是曹操的私人保镖，但他表现很好，就受到重用，带兵作战，成为一代名将。

比如，清朝有一位司机，叫年羹尧，给四王爷家开车，但他表现很好，结果四王爷当了皇帝之后，封他做大将军，开拓西北，辟地千里。

这些下属原本都是领导权力的衍生物，但他们成功转型，实现了成长，通常来说，比其他下属效率更高、时间更快——毕竟，近水楼台先得月嘛！

在职场中,如果你成为这样的下属,请记住两点:

(1)你是权力的衍生物,切莫妄自尊大,忘了自己真实的实力;

(2)近水楼台先得月,你可借助上司力量,更高效地提升自己。

特殊职能:具有部门延伸权力的下属

这一类"关键下属",是和部门的关键职能挂钩的。

有些部门本身很关键,会影响到别人的切身利益:比如,管钱的财务部,管干部的人事部,管生活的后勤部,管人口的行政部……职责由员工执行,于是这些员工也就很重要。

通过几个真实故事,就可了解他们潜在的影响力有多大。

A. 财务部的"关键下属"

清乾隆年间,大将军福康安打完仗,回财务部报销银子。

但财务部的会计出纳却迟迟不给报销军费,拖延时日,竟然还要向福康安索贿:"我们这些小职员可辛苦了,任务重,工资又低,您要报销的军务费那么繁杂,忙不过来啊,不给点额外报酬怎么行呢……"

福康安可是军机大臣,不由得大怒:"你们这些小职员也敢向我索贿?!"

职员们却笑着说:"我们哪敢索贿呢?您看,您现在打了胜仗，军费的发票、账本就有几千册，我们光是清点核对，都忙不过来。而且按照时间顺序，排在您前面要报销的大臣太多了，按正规流程走，轮到您那可就要到明年了哟。"

别看福康安级别高，但具体流程，还不是由这些小吏说了算？谁先报销，谁后报销，都在他们控制之中。

福康安就急了："我的费用要等到明年？那岂不是耽误了大事，有什么法子尽快办理？"

职员们笑着说："这倒也简单。您付点钱，我们加派人手，多请些人来，几个通宵就帮您核对完了。您的账优先报，可以排在其他大臣前面。"

福康安没办法，只好贿赂了一万两银子给财务部的职员，仅仅过了十天，户部就把账目核对好，很快报销了这笔钱。

所以，管钱的下属，哪怕级别很低，也有办法影响到你拿钱，这就是他们的潜在影响力。

B. 人事部的"关键下属"

汉元帝时期，征选女子入宫，王昭君就是其中之一。

征选的流程比较多，由人事部登记信息，再填写志愿，最后还要拍照摄像——由宫廷画师毛延寿画下每个女子容貌，呈交给皇帝。

皇帝选妃子，其实取决于毛延寿的画工，于是，这个小职员悄然成了"关键下属"。他能左右应聘者的命运，众多女子们都向他行贿,以求画画时能美颜一下,在职场中脱颖而出。

只有王昭君不行贿,她容貌绝艳,才华横溢,认为自己可以靠实力取胜。然而,毛延寿索贿不成,便故意将王昭君画得丑一点,还在鼻子上加了颗痣,导致皇帝没有选中王昭君,将她冷落宫廷多年。直到后来匈奴和亲,王昭君才有机会脱颖而出。

所以,管干部的下属,纵使级别很低,但在某个细节上做些手脚,会对你的提拔晋升有很大影响。

C. 后勤部的"关键下属"

张飞是三国的著名将军,但他脾气差,经常斥骂端茶送水的下属。刘备还告诫过他:"你对下属太严厉了,又总是鞭打别人,这些下属都是伺候你生活的,时刻在你左右,你要小心啊。"张飞还是不听,依然如此。

结果呢?有一天,后勤部的两个小干事张达、范强,又因为小事,被张飞鞭打,哀叫连连。打完之后,张飞喝醉酒去睡大觉了。这两个小干事伺候左右,心里怨恨啊:你这种上司太粗暴,我们要报仇!于是趁黑夜,直接在军帐中一刀杀死了张飞,割下他的头颅,逃到东吴去献给了孙权。

所以,管生活的下属,把控着你的吃、喝、住、行。人的生命何其脆弱,纵使你权力再大,某个生活细节很容易被别人掌控了。

第三章 关系维护：天下何人不识君，只要满足人之需

D. 行政部的"关键下属"

唐朝建立后不久，秦王李世民和太子李建成争夺皇位。

李世民处于劣势，准备先发制人，在必经之路的玄武门埋下伏兵，暗杀李建成。但玄武门的守将常何是太子李建成的属下，怎么搞定他呢？

在太平时代，常何把守的宫门并不重要。他官不过七品，副乡级干部，在京城里只算个小职员。作为行政部的职责，他日复一日地守门，每天的工作就是"询问来客—看身份证—登记名字—开门放行"，很少被人关注，也没有晋升的希望。

但突然之间，皇子李世民很重视他，亲自面见，许诺加官晋爵，条件是：只要你守住宫门，把太子党羽隔绝在外。

这时的常何，俨然从默默无闻的守门人变成了影响大局的"关键下属"。

半个月后，当太子李建成上朝时，李世民已埋伏在玄武门。太子的属下隐约感觉不对劲："今天气氛不对，周围是不是有情况？"太子却说："没事，玄武门守将常何是我们的人，不用担心。"他万万没料到，常何已被对手收买。

突然，李世民率兵出现，直扑太子。太子大惊，急呼救驾！然而，常何将宫门紧闭，隔绝太子的党羽在门外，导致太子孤身作战，很快就被李世民的部下乱箭射死。

两个月后，李世民登上皇位，那位行政部的小职员常何，

一跃而升为四品大员,封为禁军统领中郎将。

所以,别看人家在行政部日复一日,但把控着关键入口,这一开一关之间就是天翻地覆,换了人间。

争取对象:能影响全局形势的下属

能影响全局的下属,在上司眼里价值就更高了。

这种下属是上司决胜的关键力量,他的能量大到能影响全局,以至于上司反过来要"讨好"他,才能赢得胜利。

韩信

比如,汉初大将军韩信就是这种角色。

韩信是刘邦的手下,为刘邦开疆拓土。但他后期发展的势力极大,乃至于几乎能和刘邦、项羽三足鼎立了。

《史记·淮阴侯列传》是这样写的。当时刘邦、项羽打得不可开交,刘邦快要顶不住了,而韩信却还在观望,不来救援。他想要干啥?刘邦心里忐忑。要知道,韩信帮谁,谁就能赢,就算韩信谁也不帮,他自己也可以割据称霸。

不久后,韩信派人来见刘邦,要其满足一个要求,才答应去救援。

汉四年,遂皆降平定。(韩信)使人言汉王曰:"齐伪诈多变,反覆之国也,南边楚,不为假王以镇之,其势不定。原为假王便。"

第三章 关系维护:天下何人不识君,只要满足人之需

当是时,楚方急围汉王于荥阳,韩信使者至,发书,汉王大怒,骂曰:"吾困于此,旦暮望若来佐我,乃欲自立为王!"张良、陈平蹑汉王足,因附耳语曰:"汉方不利,宁能禁信之王乎?不如因而立,善遇之,使自为守。不然,变生。"汉王亦悟,因复骂曰:"大丈夫定诸侯,即为真王耳,何以假为!"乃遣张良往立信为齐王,征其兵击楚。

韩信派秘书来说:"刘总,我现在把最东边的齐国替您打下来了,实力雄厚。但是齐国没有了王,容易生变,要不您就封我为'假齐王',做个代理老总可以吗?"

韩信这意思是向老板索要更大的权力:封王。要知道,封王是古代君主能给予下属的最高权力了,王的上一级就是皇帝了!

刘邦气得不行,心想:韩信这小子得寸进尺了,敢这样要挟我?不由得脱口大骂:"我现在自身难保,和项羽打得不可开交,困在这里,本想让你来救我呢!没想到,你在东边想自己当王了!"

张良、陈平两个下属赶紧提醒刘邦:"刘总,韩信现在实力太强,您已经没有多余力量控制他了,现在这样骂他,他要是造反,您就功亏一篑了。"

刘邦幡然醒悟,赶紧改口,对韩信的秘书说:"大丈夫要封王,就封个真齐王嘛!何必封个'假齐王'?我现在就封韩

信为真正的齐王！"

你看，韩信的实力能影响全局，上司必须要用高官厚禄来讨好他了。

公司里就有这种下属，角色各有不同，但他们都能"影响局势"。

比如，部门里资格最老的员工盘踞二十年了，所有同事都敬重他，他无形中影响了大家，而一个新来的年轻领导，就很难制约他，反而处处受他制约，甚至被他摆布，乃至被逼走也是有可能的。

比如，掌握了某关键技术的员工，其他同事都不会，领导自己也是外行，那么这个员工就很有实力，所有人都得求着他。如果他不乐意不开工了，耽误了工作进度，领导可就没辙了。

比如，拥有最大客户资源的员工，他的业绩量是部门重中之重，其他同事加起来恐怕才抵得上他一个人，那么领导也得好好哄着他，无论资金、政策都向他倾斜，不然的话，他只要不高兴，全年业绩量就垮了。

如果你做到这类角色，那真是要恭喜你，老板在你面前也要"夹着尾巴做人"了，对你也是客客气气的。

王辅臣

除了汉朝的韩信，清朝康熙年间的王辅臣也是这样的角色。

当时，康熙和吴三桂打得不可开交，一北一南，各占半壁

第三章 关系维护：天下何人不识君，只要满足人之需

江山。而王辅臣是陕甘总督，控制了大西北，拥有雄兵十万，如果他帮老领导康熙，就能一举消灭吴三桂；如果帮同是汉人的吴三桂，康熙就要完蛋。所以，双方都在争取他。

王辅臣曾经想帮吴三桂，准备与其联合攻打康熙。

康熙能怎么办？用领导的权威训斥他还是命令他？不，只能继续拉拢他。

康熙也是降下身段了，又是送金银，又是写信怀念情谊，不断地做思想工作："辅臣呐，朕一直很信任你，相信你是我的好属下，不会和吴三桂同流合污。你我君臣，从前可是典范楷模啊……"

即使到最后，要派大军征讨王辅臣了，还是以"招降""安抚"为主，因为这个下属实力太强了，不敢动他啊！

做下属做到韩信、王辅臣这个程度，连上司都要反过来讨好了。

归根结底，还是基于自身的强大。

在之前的章节里，我曾提到一个观点：你能为上司提供多大价值，上司对你的重视程度就有多高。现在，不妨把这句话再扩大一下：你能对上司产生多大的影响（无论正面还是负面影响），上司对你的重视程度就有多高。

所以说白了，职场中，人与人之间的关系本质上还是实力大小的关系。

在这个快速崛起的时代,如果下属实力真的远超过上司了,那么,还真是可以把韩信、王辅臣未竟的想法实现了:不在原上司手下干了,自立门户,自己当老大,有何不可?

这才是职场背后的铁律:用实力说话。

职场实践:梳理公司里的关键角色

在具体工作环境中,找到"关键角色",就是找到了事务重点。这些角色可能只占公司 20% 的数量,但往往对你产生 80% 的决定影响。所以,特别要引起我们的重视。

对于"关键角色",我们可以考虑三个方面:一是自身角色,二是他人角色,三是领导眼中的角色。

自身角色

我的部门在全公司里是否关键?我的岗位角色在全部门里是否关键?如果关键,具体对哪些人尤其关键?我的角色会影响到他们什么指标?他们日常对我的态度如何?我对他们采取何种态度较为合适?如果我的角色不关键,那我如何能争取到局部、临时的关键作用?

他人角色

公司里哪些岗位上的人对我有关键影响?部门里哪些角色对我有关键影响?我需要和他们保持何种程度的关系?他们日常对我的态度如何?他们是否意识到自身角色的关键作用?

领导眼中的角色

部门内哪些角色是领导关心的？跨部门哪些角色是领导所关心的？这些角色为何在领导眼中重要？领导对他们的态度如何？同样，这些角色对你影响大还是影响小？我是否属于其中之一？

第四章

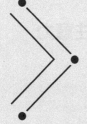

主动出击：醉翁之意不在酒，借力打力是高手

在职场中，不要和上司硬碰硬，而要懂得借助时机，借力打力。某个外界的机会、上司的痛点、员工们的需求，都可以借来改变上司。

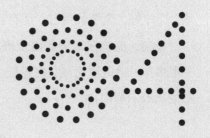

向上管理

1. 利用适当冲突,管理上司的注意力

不受重视:下属普遍面临的境遇

你有才华,有能力,却一直被领导忽视,得不到重用,怎么办?

持续努力,等待机会?当然可以。但,这毕竟是一种被动思维。

如果时机恰当,不妨主动出击一次!管理一下上司对你的注意力!

这方面,与"卧龙"齐名的"凤雏"——庞统,就有一个成功案例。

庞统和诸葛亮一样才华横溢,有句话叫"得卧龙、凤雏之一可安天下",他俩都是当世奇才。但差别在于:诸葛亮长得帅,口才好,庞统长得丑,还有点口吃,这就在职场上丢了分。

最初,庞统在东吴集团上班,给周瑜当宣传干事,辛苦干了很多年,也做过贡献,在赤壁之战中用"连环计"诱骗曹操,却依然得不到提拔。

第四章 主动出击：醉翁之意不在酒，借力打力是高手

后来，周瑜去世，新领导鲁肃来了，终于对他另眼相看。鲁总经理把他推荐给孙权总裁，但孙权见他相貌丑陋，心中不悦，随便聊了几句就打发了，还是没提拔他。

晋升无望，庞统很郁闷，心想自己也三十好几了，没钱、没房、没老婆，在这里混不出头，跳槽走人吧。便通过诸葛亮引荐，竞聘到刘备公司。

但面试时依然吃了亏，刘备第一眼见他，就没留下好印象。

玄德见统貌陋，心中亦不悦，乃问统曰："足下远来不易？"统不拿出鲁肃、孔明书投呈，但答曰："闻皇叔招贤纳士，特来相投。"玄德曰："荆楚稍定，苦无闲职。此去东北一百三十里，有一县名耒阳县，缺一县宰，屈公任之，如后有缺，却当重用。"[1]

刘总见庞统相貌丑陋，心里不太喜欢，想了想说："我们刚拿下荆州市场，不过呢，人员编制已经满了。离这里一百三十里路之外有个小县城，叫耒阳县，那个分公司……哦不，是个办事处，正缺人呢，你不如先去那里任职？"

庞统听了，心凉了半截：这么低看我呢……

刘总安慰道："等以后总部有编制了，再把你调回来。"

庞统心里那个凉啊，皱起了眉头，容貌更加不好看。

但既然来都来了，面试过了，还是去试一试吧。庞统只能答应了。

没办法,谁让这是个看脸的社会呢?

一个外在形象不佳、口齿不清的职场青年,怎样才能让上司刮目相看呢?

那就主动出击吧!

欲扬先抑:庞统吸引领导看过来

庞统去了一百三十里之外的那个小县城任职。

他固然是勤勤恳恳,但每到夜里不免失落:我从东吴跳槽过来,薪水反而降低了。在这里干得再好,公司总部怎么知道?即便一级级传递上去,等到猴年马月,我早就被埋没了。

他开始主动出击,制造了一场"冲突",吸引上司的注意。

统到耒阳县,不理政事,终日饮酒为乐;一应钱粮词讼,并不理会。有人报知玄德,言庞统将耒阳县事尽废。玄德怒曰:"竖儒焉敢乱吾法度!"遂唤张飞吩咐,引从人去荆南诸县巡视。[1]

庞统故意不干活,每天喝酒为乐,公司的各项事务他都不管,业务搞得一团糟,很快就在全集团里业绩排名垫底了。有人向刘备报告了情况。

果然,引起了高层的注意。

刘总很生气:"他怎么这样滥于职守?"于是派副总张飞

去巡察。

张副总快马加鞭赶到,见到庞统醉醺醺的,衣冠不整,当场就怒了:"你是怎么做事的?还好意思号称'凤雏先生'?"

正中下怀,庞统心想:我就是要你们来啊,做给你们看的。**接下来,请看他的表演。**

庞统曰:"量百里小县,些小公事,何难决断!将军少坐,待我发落。"随即唤公吏,将百余日所积公务,都取来剖断……统手中批判,口中发落,耳内听词,曲直分明,并无分毫差错。民皆叩首拜伏。不到半日,将百余日之事,尽断毕了,投笔于地而对张飞曰:"所废之事何在!曹操、孙权,吾视之若掌上观文,量此小县,何足介意!"飞大惊,下席谢曰:"先生大才,小子失敬。吾当于兄长处极力举荐。"[1]

庞统说:"在这个小小办事处,事务都太简单了!张副总您看着,我很快就处理完。"然后叫来秘书,把一百多天积压的文件都拿来,他一边看,一边签字做决断,思路清晰,只用半天,就把这些公文处理完,张飞看得目瞪口呆,不禁暗暗佩服:效率超高啊!

庞统把笔一丢说:"像曹操、孙权那样的大集团事务,我都不在话下,区区一个办事处,我还不是几个钟头就搞完了?"张飞吃惊不小,客气起来:"您是大材小用了,我这就回去向刘总禀报！"

刘备听了张飞的汇报，才发觉自己低估了一个人才。不久之后，刘备就重用了庞统，提拔他到和诸葛亮一样的位置。

遂拜庞统为副军师中郎将，与孔明共赞方略，教练军士，听候征伐。[1]

通过制造冲突，庞统成功地引起上司的关注，一局定乾坤！

这个故事值得职场人借鉴，来分析一下他成功的套路吧！

印象力模型：三步让上司记住你

每个下属都希望能给领导留下深刻印象。

有什么科学的方法吗？

不妨先问自己一个问题：我曾经对哪些人和事印象最深刻呢？

通常来说，不是顺利的事，而是有矛盾、有冲突的事，并且让你还花了一番努力去折腾、克服它，最后终于搞定——这类事情最让你印象深刻！

以下几个选项，你觉得 A 和 B 哪个印象更深刻？

【关于诸葛亮】

A. 诸葛亮勤恳工作三十年，把蜀国治理得井井有条

B. 诸葛亮力挽狂澜，在东吴的压力下，舌战群儒，震惊四座

【关于赵云】

A. 赵云十几年来保卫刘备及家眷，日夜谨慎，从未出过差错

B. 赵云在危急时刻单枪匹马，勇闯敌营，救出阿斗

【关于战争与和平】

A. 刘禅休养生息，不折腾，让蜀国人民安居乐业了四十年
B. 姜维九伐中原，拼命打，千辛万苦攻下了魏国几座城池

大多数人的心里，对 B 选项印象更深刻，至于 A 选项，没多少印象。

但你能说 A 选项的事情不重要吗？实际上，A 的内容比 B 的内容重要得多，更具有深层价值。然而，人类的大脑就是如此——关注那些有冲突、矛盾、起伏的事，淡忘了顺利的、平常的事。

回忆童年时光，寻常日子都记不起了，只记得和小明打架，你们滚得满身是泥，最后握手言和，成为好哥们的那个下午。

回忆高中时代，日复一日地复习没什么说的，只记得为了能和她一同上讲台领奖，你苦读英语，取得佳绩，与她并肩拍照的那个下午。

回忆大学时光，打游戏的日子数也数不清，只记得那天你在游戏里被多人群殴，宿舍兄弟们全体上线，帮你干掉对手的那个深秋的夜晚。

人类大脑就是这样，把起伏的、冲突的经历记得更牢。尤其结果是正面的，印象就会更深刻。比如，终于获奖、终于打败对手、终于见到心上人，等等。

因此，要引起上司的注意，并在他心目中留下深刻印象，可以参照这个"印象力模型"，如图 4-1 所示。

图 4-1 印象力模型

第一步,制造或借助某个已有的"矛盾冲突",让对方心里先"咯噔"一下,这时他的注意力被吸引过来了。

第二步,让他直接或间接参与到这个事件里来,并且折腾一番,这个过程中需要他付出努力,或者他看见你的付出。

第三步,要获得一个正面的结果,成功解决了问题,让对方看到你的能力水平,进而认可你。

那些传说故事,之所以能流传千年,在一代代人脑海中留下烙印,都是按这个套路写的。

《精卫填海》

A.矛盾冲突:小女孩被大海淹死,含恨变成一只飞鸟

B.参与折腾:飞鸟精卫衔着一颗颗石子,誓要把整个大海填满

C.成功解决:经过了无数岁月,精卫终于将大海填平

《白蛇传》

A.矛盾冲突:法海要来捉妖,许仙受到白蛇惊吓,白娘子百口莫辩

B.参与折腾：白娘子水漫金山，试图营救许仙，却被镇压在雷峰塔下

C.成功解决：二十年后，他们的儿子高中状元，感动天地，全家重逢

并且，在"冲突—折腾—解决"三步中，通常还有很多小的"三步"：大冲突里有小冲突，小冲突解决之后又有新冲突，反复地折腾，多次地折腾，形成起伏连绵的故事线索，一波未平一波又起，让观众欲罢不能，至此留下深刻印象。

这个套路完全符合人脑的规律。

而在职场中，你可以巧妙地利用某些冲突元素管理好上司对你的注意力。

套路之王：心机男的职场表演

这世上，人们走得最多的路，就是套路。

庞统就是用这个"印象力模型"的套路，成功地给刘备留下深刻印象。

A.矛盾冲突：庞统故意喝醉，不理事务，把业绩搞得一团糟

B.参与折腾：刘备派张飞前去督察，张飞亲眼见证庞统处理事务

C.成功解决：庞统半天内搞定了所有事务，能力得到彰显

这么一聚焦、折腾，再化解，刘总对他的印象极其深刻！

与"凤雏先生"庞统一样，"卧龙先生"诸葛亮也是个"套路王"。在这一点上，他们两人可真是不谋而合。

把诸葛亮的故事拆开来看，发现他对两任领导都使用过同样的方法，原来他才是最大的心机男！

第一次：三顾茅庐，与大老板刘备的首次见面

诸葛亮一出场，就是套路。他为了让刘备产生深刻印象，故意制造冲突，躲着不见刘备，吊起他的胃口。

A. 矛盾冲突：前两次都躲着不见刘备，故意不现身，刘备焦急不已

B. 参与折腾：让刘备不断付出努力，充满期待又不可得，心一直悬着

C. 成功解决：最后终于见面，精彩亮相，拿出宏伟蓝图和战略方案

第二次：安居平五路，与新领导刘禅的首次合作

刘备去世后，儿子刘禅(阿斗)即位，当时蜀国是内忧外患，压力重重，诸葛亮身为一国丞相，怎么才能给新皇帝留下深刻印象呢？他还是用这个套路，"安居平五路"的故事就是这么来的。

A. 矛盾冲突：刘禅刚即位，吴国来犯、西南造反、魏国侵入，他慌了手脚

B. 参与折腾：诸葛亮故意不上班，称病躲着刘禅，刘禅多次来府上请求

C. 成功解决：最后终于出现，帮助新皇帝搞定一切困难，大显身手

我们重拾起之前的故事"神医扁鹊三兄弟"。扁鹊三兄弟的医术排名，大哥最好，二哥次好，扁鹊最差。但人们却只记得扁鹊，这是为何？

就是因为大哥医术太高明，很早就发现苗头，提前治好了，很顺利，病人没印象；二哥在病人刚发小病时就治好了，也较顺利，没留下太多印象；而扁鹊在病人严重时参与救治，花了大量功夫，折腾很久，用各种药甚至动手术，终于挽救了性命——这么可劲地折腾，病人和家属必定是印象最深刻，所以他们对扁鹊的医术难以忘怀。

所以，你在单位里很勤恳，这固然没错。但这样是不够的，因为缺乏亮点，领导不会有印象。

这也并不是领导故意要忽视，而是大脑的机理所决定的。既然懂得了大脑印象机理，就可以借助一些矛盾冲突适当地做出亮点，管理上司的注意力，把上司"卷入矛盾冲突的漩涡"中，还要折腾一番，让他从此对你有深刻印象。

近代思想家李宗吾先生，曾总结过一个江湖规律，叫作"补

锅法"。

补锅匠行走江湖很懂赚钱的手段，本来锅只有一点小破洞，主人可能还不太在意，但被他狠狠敲几下，就变成了大问题，然后再花大力气去补好，让主人看到，就可以要价更多。

这个方法蛮"厚黑"的，全是心机。但它的本质就是"制造矛盾—参与折腾—成功解决"，把小矛盾搞成大矛盾（悄悄地搞），引起当事人的重视，然后再去解决，对方就会很看重你了。

用一句俗语形容，叫作"先放火，再救火"。把对方玩得团团转，对方还特别感谢你的救助。

当然了，从做人原则来说，这样"玩"是不厚道的，满是心机的人在任何环境都不受欢迎，时间久了会遭人嫌弃。

所以郑重声明：这种方法，只有在特殊情况下才使用。比如像庞统那样，自身处境不佳时，或者像诸葛亮那样需要来一次"开门红"时，可以适当地制造一些机会，引起领导重视。但终究，他们对领导是忠心和真诚的。

最后强调一点：这样"玩领导"也是有条件的，你自己得有过硬的本事，能把冲突化解，而不是搬起石头砸自己的脚。诸葛亮、庞统敢这么"玩"，就是因为他们有实力，玩得起套路，嬉笑怒骂皆成文章，能拿捏上司的情绪，也能搞得定上司的痛点。

不得不说,他们是职场大玩家,也是大赢家。

失败案例:张松制造冲突适得其反

"玩领导"是个技术活,拿捏的度很重要,多一分就过了,少一分又不及。

所以要慎重考虑:掂量一下自己的水平,玩得起才玩,玩不起就还是老老实实做人吧。

张松,就是失败的典型。他本想"玩"一把曹操,给自己加分,混个彩头,结果玩砸了,差点丢了性命。

我们来汲取一下他的教训,也是自我提醒,谨慎行事。

前面的章节提到过张松,他本是益州集团的一个"关键下属",但因为得不到重用,准备跳槽去曹氏集团,希望得到曹操重视。

为了引起曹操的注意,张松也想"制造冲突",主动出击一下。

他一共制造了两次"矛盾",但效果都适得其反。

问题出在哪里?咱们来分析一下。

第一次:初次见面

操问曰:"汝主刘璋连年不进贡,何也?"松曰:"为路途艰难,贼寇窃发,不能通进。"操叱曰:"吾扫清中原,有何盗贼?"松曰:"南有孙权,北有张鲁,西有刘备,至少者亦带甲十余万,岂得为太平耶?"操先见张松人物猥琐,五分不喜;又闻语言冲撞,遂拂袖而起,转入后堂。[1]

曹操问张松:"你既然是益州公司来的,你们老板刘璋多年都不进贡,为什么呢?"

本来曹操是想摆一摆领导架子,显示一下自己的威风。结果张松呢,不想给他这个面子,辩解说:"现在天下大乱,运输又中断了,没法进贡。"

当然了,张松想制造一个"冲突",把曹操顶回去,这是没错的,但错在他后面的回答。请继续往下看。

曹操说:"我荡平了中原,很太平,哪里有你说的大乱?"

张松还是硬碰硬顶回去:"天下哪里太平了?南方有孙权,北边有张鲁,西边有刘备,他们至少都拥有十万大军。"

这句话顿时惹怒了曹操,气得直接拂袖而走。

为什么曹操生那么大气?

因为张松制造的冲突过于激烈,这几个关键词触犯了曹操的敏感神经:不太平、盗贼、孙权、刘备、带甲十万。

上司是有忍耐底线的,张松的"冲突"直接突破曹操的底线:曹操大权在握,挟天子以令诸侯,最看重的就是自己的霸主地位,希望打造一个"太平盛世",而张松哪壶不开提哪壶,刺了他的痛处——孙权、刘备是他的劲敌,导致他没法统一天下,还在赤壁大败而归。

这是曹操不想提及的,而张松却"毒舌",直指痛处。

所以说,张松第一次见面,就把冲突搞得太大了,让领导很下不了台。这是他"玩"砸了的主要原因。

再看看人家诸葛亮是怎么"玩"的:第一次躲着不见领导,这个没有正面冲突,是间接冲突,双方都好控制,有缓和余地。

再看看人家庞统是怎么"玩"的:第一次故意醉酒把业务搞砸,是通过别人告知刘备、让刘备派人来巡察的,也没有正面冲突,双方也有缓和余地。

而张松呢,却直接当面打脸,和曹操发生正面冲突,双方哪有余地?

你玩得过头了啊!让领导怎么下得了台?

第二次:再次见面

好在曹操的属下从中协调,劝说了曹操,让张松再拜见一次。

这次,曹操是在演兵场上见张松。但见曹军雄壮,喊声震天,铠甲陈列,曹操心情还是蛮好的,爽朗、霸气。

操谓松曰:"吾视天下鼠辈犹草芥耳。大军到处,战无不胜,攻无不取,顺吾者生,逆吾者死。汝知之乎?"松曰:"丞相驱兵到处，战必胜，攻必取，松亦素知。昔日濮阳攻吕布之时，宛城战张绣之日；赤壁遇周郎，华容逢关羽；割须弃袍于潼关，夺船避箭于渭水：此皆无敌于天下也！"操大怒曰："竖儒怎敢揭吾短处！"喝令左右推出斩之。[1]

曹操向张松炫耀道："我看那些诸侯啊，都如同草芥一般。我的大军所向披靡，战无不胜。张松，你知道吗？"

这次张松还想制造点"冲突"，说了一堆反话，岂料他又做过头了。

张松说："我知道，丞相当然是战无不胜。比如，在赤壁遇见周瑜，在华容道遇见关羽，在潼关割须弃袍，在渭水夺船而逃，真是天下无敌啊！"

张松说的全是反话，以上战斗场景全是曹操大败的情形。

曹操立刻大怒："你这个书呆子竟敢揭我的短！"喝令手下要斩了他。

你看，张松作为一个分公司的小员工，有两次机会参见央企大老板曹总，竟然没把握住机会。他想"主动出击"一下，给领导留下深刻印象，岂料说话说过头了，又戳到领导的痛处。

作为下属，制造"冲突"要适可而止，掌握好分寸，稍微激起领导的关注就好了。不要像张松这样，语不惊人死不休，专拣领导的糗事来说，哪壶不开提哪壶，还是当面顶撞。难怪曹总要斩了他，所幸后来被人劝住了。

第四章 主动出击：醉翁之意不在酒，借力打力是高手

职场实践：主动出击的注意事项

张松的"主动出击"做得很失败，被赶出了曹氏集团。

而诸葛亮的"主动出击"却做得很成功，赢得了上司的兴趣。

他们的方式有三大区别，也是我们要注意的三大事项，请参考。

第一，避免人际冲突，多借事务冲突

张松、曹操的冲突是针锋相对，互相指责，针对个人好坏的评价，这是错误的；诸葛亮和两个领导的冲突，并不针对个人，而是事情本身需要解决——刘备想找人才、刘禅想处理问题。

第二，不触领导底线，尺度适可而止

张松触及了曹操的底线，揭领导的短，提领导那些糗事，这就变成人身攻击了。而诸葛亮只是让领导产生一些焦虑，制造一些延时，尺度也控制得好，不让领导过分难堪，见好就收了。

第三，不打无备之战，事前积极暗示

其实，诸葛亮事前就通过各种方式向领导暗示了自己的价值，领导有所期待，才会屈尊忍耐；而张松手中掌握地图，却没告诉过曹操，曹操压根不知道张松的价值所在，没有期待，也就跟他撕破脸了。

向上管理

2. 搞定更上一级，借力上司的上司

被动地位：上司的软肋在哪里

有时候，你发现以一己之力，并不能改变上司。

毕竟他在上，你在下，他是主动地位，你是被动地位。

但是，我们不妨逆向思考一下：上司就永远处于主动吗？他在什么人面前也会被动呢？

能让上司处于被动的是他自己的上司。

如果你能搞定"上司的上司"，利用好这个资源，让更高一级的领导参与进来，事情就好办多了！毕竟，无论谁面对自己的上司，不都得乖乖听话吗？

诸葛亮就用这个思路帮刘备解决了一个大难题。

赤壁大战后，曹操败北，南方得到了暂时和平。刘备因为实力较弱，想和孙权进一步巩固关系，而孙权也想利用刘备，借机控制他的公司。于是，周瑜向孙权献计：把孙权之妹孙尚香许配给刘备，声称是"联姻"，但条件是要刘备亲自来东吴，就此把他控制住。

这让刘备很纠结：如果他不亲自去迎亲的话，就显得没诚

意，两家关系不能巩固；如果亲自去的话，就怕入了虎穴，被控制住回不来了。

诸葛亮劝说："把孙尚香小姐迎娶回来，显得我们有诚意，以后两家就是亲戚了。"

刘备摇摇头说："可是我作为新郎去东吴，到了孙权的地盘，一切都将听命于他了。万一孙权给我下套，该怎么办？"

诸葛亮笑道："刘总您是担心，在东吴由孙权说了算，你处于被动地位吗？"

刘备说："对啊。我到别人的地盘上，别人就是领导，我是个无权之人。他主动，我被动，能怎么办？"

诸葛亮说："非也，其实孙权也有他的软肋——只要你搞定了他的上级，孙权就不能把你怎么样。"

刘备惊讶地问："孙权是东吴唯一的大老板，他哪来的上级？"

诸葛亮羽扇一挥，笑道："他的上级就是母亲吴国太、岳丈乔国老啊！"

刘备恍然大悟，说："只要搞定这二老，我就不怕孙权了！"

于是，刘备前去东吴迎亲。临行前，诸葛亮送了三个锦囊妙计，都是关于如何"借用上司的上司"力量来摆脱孙权影响的。

紧抱大腿：得到"更上级"的庇护

刘备带着少量随从，来到了东吴。

孙权大喜,心想:哈哈,你到了我的地盘,还不得受我摆布?在东吴,我最大,要杀你刘备,就像踩死一只蚂蚁一样。

谁知,刘备早就派人去见了吴国太、乔国老两位老人,把联姻的消息都禀报他们了。

吴国太这个老太太,一辈子最疼爱的就是女儿,对儿子孙权的政治是一点儿也不感兴趣。她听说儿子打算用女儿来做政治筹码,不禁大怒。

国太大怒,骂周瑜曰:"汝做六郡八十一州大都督,直恁无条计策去取荆州,却将我女儿为名,使美人计!杀了刘备,我女便是望门寡,明日再怎的说亲?须误了我女儿一世!"乔国老曰:"若用此计,便得荆州,也被天下人耻笑。此事如何行得!"说得孙权默然无语。国太不住口的骂周瑜。[1]

吴国太老泪纵横,骂儿子孙权:"你这个不孝子,你骗刘备来要杀他,那你妹妹的名声怎么办?既然说是定亲,还没结婚呢,丈夫就被杀,你妹妹岂不是'望门寡'?这是要误我女儿一生啊!"

乔国老也在旁边摇头:"孙权,你要是用此计,就算成功了,也会被天下人耻笑啊。"

孙权虽是公司总裁,但见母亲、岳父二老生气,也不敢再说话了。他憋了一肚子气:怎么这么快就被二老知道了?我这

第四章 主动出击：醉翁之意不在酒，借力打力是高手

戏还怎么演下去？

这是第一次，刘备借用"上司的上司"力量威慑住了孙权。

然后第二次，在甘露寺，吴国太要见刘备，准备定下亲事。

孙权心想：可不能就定了亲啊，一定要先把刘备干掉，不然我妈看中了他，就假戏真做了。于是派人在甘露寺埋伏刀斧手，准备刺杀刘备。

岂料刘备又向吴国太汇报，及时得到了"上司的上司"的支持，还演了一场戏。

玄德乃跪于国太席前，泣而告曰："若杀刘备，就此请诛。"国太曰："何出此言？"备曰："廊下暗伏刀斧手，非杀备而何？"国太大怒，责骂孙权："今日玄德既为我婿，即我之儿女也。何故伏刀斧手于廊下！"[1]

刘备扑通一声，跪在吴国太面前哭道："您要是想杀我，就现在杀吧。"

吴国太不知所以，很惊讶问："何出此言呀？"

刘备一边哭，一边说："孙权早就在甘露寺外埋伏了刀斧手，不是准备杀我吗？在这东吴，他权力最大，我能怎么办呢？"一副可怜的样子。

吴国太又是心疼刘备，又是对孙权生气，心想孙权这臭小子又耍诡计呢！大骂道："孙权我儿，你当了东吴的一把手，

眼里就没你娘了是吗？明明知道今天定亲，刘备就是我女婿、你妹夫了，你竟然还准备刀斧手，简直是太过分！"

孙权蒙圈了：我妈怎么又知道了？这太尴尬了……

权推不知，唤吕范问之，范推贾华。国太唤贾华责骂，华默然无言。[1]

孙权只好推说自己不知道，问手下的谋臣吕范：是不是你干的？吕范也装作不知道，又问更下一级的刀斧手贾华：是不是你干的？

在东吴，权力等级是这样的，一级一级骂下去。

图4-2 东吴权力等级

吴国太的心里气啊，为了顾全面子，也只好抓着贾华来痛骂了一顿，贾华没办法，只能默不作声，替领导背锅。谁让他的级别是最低呢？

孙权计划又落空了，只好撤去刀斧手。心想这弄假成真了，唉！

所有人都要听吴国太的，那么刘备"紧抱上级大腿"，他就安全了。

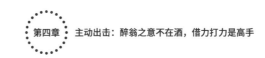

于是第三次，刘备主动请求，让吴国太持续地保护自己。

国太大怒曰："我的女婿，谁敢害他！"即时便教搬入书院暂住，择日毕姻。刘备自入告国太曰："只恐赵云在外不便，军士无人约束。"国太教尽搬入府中安歇，休留在馆驿中，免得生事。刘备暗喜。[1]

吴国太做了严正声明："刘备是我的女婿，谁敢害他！"然后让刘备和随从一同住到自己的书院里来，保护了他的安全。刘备又请求说："还有我的保镖赵云也在外面，可否一起住进来？"吴国太同意了，全都搬进来吧！

刘备心里高兴坏了，他虽在孙权的势力范围内，却得到了吴国太更高权力的庇护，安如泰山。

就这样，刘备三次借用"更高领导"的权力，让孙权没了脾气。

权力延伸：代表"更上级"行使权力

刘备娶到了孙尚香，两人恩爱。一个月后，他准备带夫人离开东吴，回到荆州，孙夫人也同意了。

于是，一行人悄悄出城，车马已快到江边，只要渡江，就脱离了东吴的势力范围。

孙权获悉消息,心想:你离开了我母亲的住地,不就是我的瓮中之鳖吗?我以"潜逃"的罪名,将你逮捕!于是,立刻派了四员大将前去捉拿。

刘备大惊,见远处尘土飞扬,四员大将飞驰杀来,喊道:"我们奉孙总的命令,要捉拿潜逃的刘备回去!刘备,你快束手就擒吧!"

怎么办?吴国太今天不在场,谁来救我?命在旦夕!

此时,刘备想起来:诸葛亮还给了我一个锦囊妙计没打开呢!于是打开一看,他瞬间恍然大悟:借助我的夫人孙尚香,她也可以充当"上司角色"啊!

于是,孙夫人从轿子里出来,说了一番话,让四员大将哑口无言。

夫人正色叱曰:"……我奉母亲慈旨,令我夫妇回荆州。便是我哥哥来,也须依礼而行。你二人倚仗兵威,欲待杀害我耶?"骂得四人面面相觑。[1]

看孙夫人这段话,有四点信息很重要。

一是"我奉母亲慈旨回荆州":这是借助"更上级"的权威,凸显的是吴国太的意愿,淡化了自己本人的意愿——潜台词就是,既然这是上级的意思,你们做下属的怎敢阻拦?

二是"我哥哥也须依礼而行":这是用"更上级"压制"直

属领导"。我奉的是吴国太的旨意,你们四人奉的是孙权的旨意,究竟谁大?当然是我更大,因为孙权也得听吴国太的,所以你们没资格阻拦我。

三是"你二人倚仗兵威,欲待杀害我耶?"这是强化负面后果,故意把事情说得严重,我主观认定你们是想害我,给你们扣上一顶大帽子,上纲上线,让你们知道事态的严重性。既然我比你们大,你们阻拦我,不就是大逆不道吗?

四是在整个过程中,孙尚香一直强调"我",而不是"我们"。她没有提到刘备,这是避免出现刘备与东吴的冲突,而是凸显自己的角色地位,让将领们不敢冒犯,不知不觉中转移了"要抓捕刘备"的矛盾。

四员大将也不傻,听孙尚香这么一说,心里也打起了算盘。

各自寻思:"他一万年也只是兄妹,更兼国太做主,吴侯(孙权)乃大孝之人,怎敢违逆母言?明日翻过脸来,只是我等不是。不如做个人情。"……因此四将喏喏连声而退。[1]

这段心理活动中,他们把职场关系捋一捋,考虑了几个关键点。

一是"他们一万年也是兄妹":直属领导(孙权)与目前冲突的人(孙尚香)是兄妹关系,这种亲人关系远胜过职场关系。

二是"有国太做主,吴侯怎敢违逆母言":吴国太是比孙权还高的上级,她的旨意谁敢违抗?就是我们的"直属领导"也不敢违抗她啊。

三是"明日翻过脸来,只是我等不是":国太、孙夫人、孙权,人家三个是一家人,我们只是部下,这以后要是翻旧账,家人间都好说话,但倒霉的还是部下。

经过思考,就捋清了在这个事件中的权力等级。

A. 最高级:吴国太

B. 最高权力的延伸:孙尚香

C. 次高级:孙权

D. 最下级:四个将领

孙尚香是借着吴国太的"旨意",所以她被赋予的权力比孙权还要大,四个将领处于最下级,是不敢动她的。

双方搞清了这个关系,就心照不宣了。四员大将立刻退下,不再追究。

而整个交涉过程都由孙夫人出面搞定,刘备根本没有露面,避免发生正面冲突——最大的受益者是刘备啊。

就这样,刘备学习了诸葛亮的妙计,借用"更上级"的权力延伸,压制住了"最下级"的四员大将,最终成功回到了荆州自己地盘上。

第四章 主动出击：醉翁之意不在酒，借力打力是高手

谨慎处理：借力"更上级"有风险

通过上述的故事，我们看到，要改变你的领导，可以让他的上司卷入进来，借力打力。

但说起来容易，做起来却很难，会遇到不少风险。

假设你是一个小兵。

如果你受了排长的委屈，凭什么团长要管你？团长只会派营长去处理，就已经算很关照了，不太会亲自去管。

如果你和排长有冲突，团长会更照顾谁？肯定更照顾排长啊。排长负责一个排，团长如果和他闹僵了，那整个排都不听使唤了，而牺牲你一个小兵，能有多大损失？

退一步说，就算你告到团长那里，你赢了，排长受处罚了。再往后呢？你还得在排长手下干活，团长又不可能一直罩着你，往后日子长着呢，排长找机会报复你、给你穿小鞋，你能怎么办？

这些问题都客观存在，要考虑清楚了才做。

所以，在此要郑重声明："借力更上级领导"——这件事本身难度很大，风险也很大。不到特殊情况，不要轻易去做，即使要做，也要很谨慎。

向上管理

六大原则：面对两个层级领导的分寸

如果要做，我推荐以下"三要三不要"的原则。

三要：要锁定真正决策人、要找他们之间的矛盾、要和更高领导有利益绑定

三不要：不要为小事而大动、不要自己直面冲突、不要完全置身事外

再辅以这张图，我来为大家分步讲解。

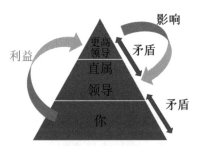

图 4-3　权力等级

第一个"要"，要锁定真正决策人

"更上级"领导也不止一个，到底哪个真正具有影响力呢？

孙权的"更上级"，不仅有他母亲，还有他的岳父乔国老，也是名义上的上级，但乔国老并不能真正影响孙权，也不会越俎代庖。

如果刘备找错了决策人，请孙权的岳父乔国老出面，恐怕就没有效果，乔国老只能敲敲边鼓、辅助劝说，关键时候是帮

不了刘备的。

第二个"要",要找他们之间的矛盾

"更高领导"和"直属领导"之间必须有矛盾,你才能加以利用。不然的话,他们铁板一块,意见一致,你不是白费力气吗?

刘备就抓住了吴国太和孙权之间的矛盾:孙权用妹妹做诱饵,不管妹妹的名声;吴国太最疼爱女儿,不容忍女儿一丝受损。有了这个矛盾,刘备才能激发吴国太的力量去扭转孙权。

如果孙权、吴国太意见一致,都愿意用孙尚香做诱饵,那刘备就算找准了吴国太,也是毫无作用。

第三个"要",要和更高领导有利益绑定

"更高领导"和你有共同利益,并且这个利益能触动他,他才愿意为你施展影响力。

刘备和吴国太虽然不熟悉,但有共同利益——孙尚香。刘备要娶她做老婆,吴国太心疼她,而孙权要把她当诱饵,于是刘备和吴国太就结成了统一战线,共同反对孙权。

有共同利益很重要。试想,吴国太是对刘备感兴趣吗?并不感兴趣。如果刘备与孙尚香没有关联,吴国太才不管他死活呢,只是因为他会影响到孙尚香,才愿意帮他。

说完三个"要",还有三个"不要"。

第一个"不要",不要为小事而大动

毕竟,你要借力更上一级,就会得罪直属领导,这是有代价的。

不要轻易得罪你的直属领导,他会更长期地决定你的未来,如果只是一些小事,就忍一忍算了,委曲求全,小不忍则乱大谋。

刘备知道,孙权是他想长期合作的对象,根本不想得罪他。如果双方只是有些小摩擦、手下士兵打架之事,刘备根本不会找吴国太帮忙,睁一只眼闭一只眼算了。但这次不同,孙权是要取刘备性命,这种头等大事,刘备就必须请上级领导出面了。

第二个"不要",不要自己直面冲突

无论如何,下属跟上司当面对着干都是不利的。让更高领导卷入进来的目的,也是避免自己与上司发生正面冲突。

在故事中,只看到吴国太骂孙权,但没看到刘备和孙权直接发生冲突。此时的刘备不作声、不表态,就在旁边默默看着。

在后来追兵到来时,刘备也是让孙夫人出马,孙夫人与四员大将周旋,自己并没有露面。

要学习刘备这种态度,让上级替你出头,自己别冲在前面。

第三个"不要",不要完全置身事外

但也不能完全置身事外,丢下一个烂摊子让两位领导去收拾。

在甘露寺,刘备只是希望吴国太保护自己,这个目的达到了。但吴国太控制不住情绪,超出了刘备期望,要杀掉孙权的手下贾华,这就会升级冲突。以后,孙权会更记恨刘备。

所以这时,刘备要出来缓和气氛,打个圆场,劝吴国太消消气,替孙权说两句好话,也让孙权有台阶下。这事就到此为止,不再追究了。

第四章 主动出击：醉翁之意不在酒，借力打力是高手

职场实践：应景的工作案例分析

现实职场会比三国故事更复杂，领导的级别、数量也更多。我们来看看以下三个案例，了解在职场中最需要关注的三个问题。

哪位上级领导是关键？

在某大型国企里，部门主管是张主任，你是他的手下。你想通过更高一级领导影响他，以下三位，你会锁定哪一位？

A. 他的直属分管领导——赵副总

B. 其他分管领导——李副总、杨副总

C. 整个公司的大老板——王总

解析：因为在大型企业里，部门众多，一个正总管不过来，就会有若干名副总来分管一些部门。赵副总分管你们部门，他是张主任的直系领导，所以你锁定赵副总才有作用。至于其他副总，则是分管别的部门，与张主任没有直接关联。而整个公司的大老板王总，虽然权力最大，但和你隔了两个层级，没有太强意愿越过赵副总、张主任两个人来关注到你。

正确答案是 A。

什么矛盾点最有利用价值？

张主任派你出差一个月，你并不想去，但改变不了他的想

法。此时,有以下三种情况,你觉得哪个矛盾点最值得利用,可帮你扭转局面?

A. 张主任派你出差,赵副总想让你写方案,那就回来再写吧

B. 张主任派你出差,赵副总考虑近期让你接手产品项目

C. 张主任派你出差,赵副总急需你这个月把新产品设计出来

解析:A类情况,两位领导之间没啥冲突,意见基本一致,你很难借此影响张主任。B类情况,虽然有一点冲突,但不够强烈,你可以试一试,也许有效果。C类情况,时间紧急,唯你不可,这是两位上级较激烈的矛盾,最值得你利用。

正确答案是 C。

如何借用更上级的权力,对直属领导施加影响?

你不想出差一个月,想待在公司,便将此事告知了赵副总,他也赞同。接下来,你该怎么做?

A. 你向张主任说:"赵副总要留我设计产品,我这个月就不出差了。"

B. 你向赵副总说:"张主任要派我出差,您能让他换别人去吗?"

C. 你同时向二人说:"两位领导,我的事,你们商量一下吧。"

解析:同时卷入两个上级时,让两位领导去沟通,避免自己冲锋在前。A选项肯定是不适合的,你把自己置于张主任的

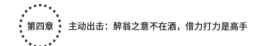

对立面,强化了你和他的矛盾,赵副总的角色反倒弱化了。B选项就合适,你请赵副总出面,去和张主任沟通,自己避免了正面冲突。C选项也不合适,虽然貌似你让他俩沟通,但这话从你嘴里说出来,未免太越俎代庖了,倒显得你像是领导似的,一般人都不会说这种话。

职场环境千变万化,情况各有不同,需要自己长期的实践摸索。

但上述三个案例,代表了最重要的三个问题。

Who:能起关键作用的"更上级"是谁?

What:什么样的矛盾点才值得利用?

How:如何巧妙地让"更上级"卷入,而淡化我自己的矛盾焦点。

这三个问题考虑清楚了,基本就能搞定一般的职场情况了。

3. 利用团队力量,共同影响上司决策

下属联合:上司面对一群人也没辙

你用尽了个人办法,也无法改变上司,是该认命了。

但,别急!还有一个方法或许有用:依靠群众的力量。

在公司里，上司是只面对你一个人吗？才不是呢。上司要面对的是一群人，多个下属。

当意识到这一点时，就可以尝试联合多个同事一起发力！

俗话说"三人成虎""寡不敌众"。一个下属难以改变现状，但一群下属联合起来时，上司就抵挡不住了。

诸葛亮就曾经这么干过。

刘备公司拿下汉中市场后，诸葛亮建议他自封为"汉中王"，毕竟公司规模扩大了，领导的级别也要提高。

但刘备并不愿意自封为王，他觉得自己没得到中央朝廷的认可，说不过去。

而对于文臣武将来说，只有领导的级别提高了，自己的级别才能提高，所以大家都很想让刘备封王。

于是诸葛亮就以团体的名义来劝刘备。

孔明曰："非也。方今天下分崩，英雄并起，各霸一方，四海才德之士，舍死亡生而事其上者，皆欲攀龙附凤，建立功名也。今主公避嫌守义，恐失众人之望。愿主公熟思之。"玄德曰："要吾僭居尊位，吾必不敢。可再商议长策。"[1]

诸葛亮说："咱们这些人，有技术、有学历、有能耐，跟着刘总您创建公司，不就是想攀龙附凤、得到功名吗？可您如果不封王，那咱们下属的级别怎能提升？怎能做更大的官？恐怕大家会失望啊。"

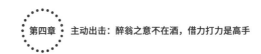

这意思很明白了：你就算不想做这件事，也要考虑我们下属的感受。

刘备只好说："可以商量，可以商量。"

诸葛亮一个人作用不大。不久之后，员工们就集体来劝了。

诸将齐言曰："主公若只推却，众心解矣。"[1]

全体高管们向刘总裁表态："总裁您要是再不同意，我们人心就散啦，大家就没有奋斗的动力了。"

玄德再三推辞不过，只得依允。建安二十四年秋七月……受文武官员拜贺为汉中王。[1]

终于，刘总裁推辞不过，在集体的影响下，同意了这个决定！

所谓三人成虎，上司的意志并没有想象中那么坚定，如果周围人都劝他，他其实是不易抵挡的。

利益交集：下属们的合力关键因素

为什么蜀国的大臣们能联合起来劝谏刘备？

因为他们有共同的利益。

大家的利益交集越大，就越能齐心协力，共同影响上司；利益交集越小，就越难以抱团，难以促成上司的决定。

有个反面例子，就是东吴集团。

在赤壁之战前夕，孙权犹豫过很久，究竟是抗曹还是投降？

下属们都纷纷来劝，也组成了团队，但他们意见不一，有的说投降好，有的说抗曹好，吵成了一锅粥。群臣利益交集小，效果就很差。

时武将或有要战的，文官都是要降的，议论纷纷不一。且说孙权退入内宅，寝食不安，犹豫不决。[1]

这种情况下，下属们劝不动上司，上司的思维也很混乱。

好在后来，鲁肃、周瑜、诸葛亮用了"大脑科学说服法"，强力扭转局势，才让孙权下定决心。但这个成本是非常大的。

那么，在什么情况下，大家容易形成一致意见？什么时候不易达成一致呢？

这两种情况分别是：

A．容易一致：做这件事，能获得收益，即使收益多少不确定

B．不易一致：做这件事，能避免损失，但损失多少确定

A类情况，典型如"蜀国群臣劝刘备"——只要劝成功了，刘备封王，所有人都会有好处，升官发财。虽然每个人的收益不确定，甚至差距很大，但没关系，多多少少总能得到些好处！管它呢，先说服了上司，后面再考虑分配的问题嘛。

B类情况，典型如"吴国群臣劝孙权"——主战派、投降派两方都是为了避免损失：前者认为只有抗战到底，才能避免家破人亡；后者认为只有和平统一，才能避免家破人亡。但损失有多大，值不值，自己会在其中损失多少，能够避免多少，

都不确定。于是大家争论不休，各自站队。

宋朝例子

正因为如此，在历史上，凡是王朝初建时，整体收益是增加的，团队的意见就比较一致。比如宋朝的建立，就是下属们集体拥立上司赵匡胤促成的（《宋史·太祖本纪》）。

诸校露刃列于庭，曰："诸军无主，愿策太尉为天子。"未及对，有以黄衣加太祖（赵匡胤）身，众皆罗拜，呼万岁，即掖太祖乘马。

赵匡胤本来还不太想篡权当皇帝的。但他统领的禁军，手下的大将们都把刀拔出来了，要造反了，拥立赵匡胤："赵将军，我们想造反，但群龙无首，就选你当头吧！"赵匡胤还在犹豫呢，这可是要掉脑袋的大事！他的属下不由分说，拿着准备好的黄衣（代表龙袍）披在了他身上。所有部下都纷纷拜倒，高呼万岁、万岁、万万岁！赵匡胤就被这样裹挟着造了反，篡权当了皇帝。

而在王朝稳定后，大家的收益不会有显著增长了。做一件事时，考虑更多的是怎样避免损失、保住原有利益，意见就很难一致了。下属们开始四分五裂，没法说服上司。

比如到了宋朝中期，下属们为"变法"吵成一锅粥，司马光、王安石、苏轼、文彦博这些大名人竟然争得你死我活，各执一词，把皇帝也搞晕了，政策也朝令夕改，整个朝廷是乌烟瘴气。

领导本质：由群体的下属合力决定

领导力的根源在哪里？

其实来源于群体的下属力。

说白一点，意思就是：领袖是由人民创造的。

别看领导们高高在上，振臂一呼，万千下属就跟着干。其实，领导的选择决策是由下属们共同决定的。

为什么这么说呢？咱们举个例子。

话说隋炀帝横征暴敛，一名在洛阳工作的高级干部，名叫杨玄感，就率领当地的八千民工造反了。

杨玄感的军师李密建议，最好是直接攻取关中的长安城，此时隋炀帝还在辽东前线督战，首都空虚，可以乘虚而入。这个建议很有战略眼光，杨玄感也很认同，但是他发布军令时，却遭到了下属们集体的阻挠。

为什么？因为这群下属不愿意——八千名跟随他造反的民工都是河南洛阳人，他们不愿远涉千里，背井离乡，去攻打遥远的关中地区的长安城。

下属们集体抗议："杨将军，我们只有先把老家河南打下来，光宗耀祖了，才能去打更远的地方。岂有舍近求远的道理呢？"

第四章 主动出击：醉翁之意不在酒，借力打力是高手

杨玄感的战略虽好，但是下属都不支持，没人来实行，只好放弃。

后来他们采用最笨拙的方法：先打最近的地方，把河南洛阳周边一点一点啃下来。结果就变得很被动，由于洛阳防备充足，打了两个月都没成功，最后杨玄感兵变失败。

后来，他的军师李密辗转加入了瓦岗军，成为首领。别人也劝他去攻打首都长安城，是最上策。李密也遇到了同样的难题，他说了一番肺腑之言。

李密对建言者说："你提的建议我考虑很久了，是最佳策略啊。可是我的部下们都是山东人（古代河南、山东一带），他们连自己土生土长的老家洛阳都没打下来，怎么愿意跟我去攻打遥远的长安呢？"

结果一样，李密受制于下属的集体阻力，也失败了。

所以，归根结底，领导能做多大的事，取决于下属们的利益点是否一致，以及下属们的推动力是否够强。

历史上凡是成功的领导，都是靠满足了下属们共同的利益，才获得强力支持。比如唐太宗李世民，他本来还不太想搞政变、刺杀太子，但他的属下纷纷劝谏：再不动手我们就吃亏了，他只好尊重大家意愿。

反过来说，从下属的角度来看，如果下属们意见一致，影响上司的决策是非常容易的一件事。

千年套路：历朝历代下属们都抱团

在中国古代，大臣们其实很聪明，他们知道只靠自己一人是很难影响皇帝的，于是普遍应用了这个策略——抱团取暖，变成一群利益相同的人，集体对皇帝施加影响。

这个方法屡试不爽，历史上例子也不少。

东晋

东晋时期，朝廷的大臣们从来不是"单个"存在的，而是组团的，有"四大家族"——王家、谢家、桓家、庾家，他们集体联合起来，影响皇帝。东晋的皇帝只知道吃喝玩乐，在治国方面更无智慧。面对这样的上司，下属们的单个力量是起不了什么作用的，他们抱成团，价值理念也一致，共同影响朝政，帮助皇帝打理，把一个弱小的王朝维持了上百年。

北宋

北宋时期，下属们也是组团影响上司，有新党、旧党的不同集团。像欧阳修、司马光、范仲淹、王安石这些著名的大臣，都不是单独作战，而是有自己的团队，共同去影响皇帝做决策。宋真宗软弱无能，差点被侵略者吓破胆，这样一位临阵退缩的上司，是在下属们集体的要求下去前线督战的，最终反败为胜，保住了江山。作为副宰相的欧阳修，甚至写了篇《朋党论》，从价值观上肯定这种行为，认为下属就应该组团，才有力量去

第四章 主动出击：醉翁之意不在酒，借力打力是高手

影响皇帝做出决策。

明朝

明朝时期，明武宗喜好玩乐，不务正业，荒废了国家大事，一百多名下属联合起来，在宫门外劝谏，才让他回归主业。整个明武宗时期，都因为这位上司的胡闹折腾而搅乱朝政，甚至一时兴起，他假意讨伐造反的宁王而劳民伤财动用了数十万军队，只是觉得好玩。所幸有整个文官群体的节制，群臣们联合起来阻拦上司的错误决策，终于成功说服上司，保证了整个国家的良好运转。

所以你会发现，当一个组织规模变得很大时，领导是要受下属们的集体节制的。整个组织的运行，不是靠领袖个人的意志，而是靠强大的下属们共同推动，诚如宋代名臣文彦博所说"君王与士大夫共治天下"，真正的决策权是掌握在千千万万的下属手里的。

当然，下属们能联合起来发力，也是需要有"领头羊"的。比如，蜀国群臣劝说刘备，是诸葛亮来领头；东晋的群臣能左右皇帝，是王导、桓温等权臣主导的；北宋文官集团，是有欧阳修、范仲淹、王安石等人领头。

职场实践：团队影响力的思考要素

本章中思考的对象不是自己个人，而是群体同事。

在具体工作中,如何利用群体去影响上司,可思考如下(包含但不限于)三类问题。

第一,我与同事们的合力

我在单位里有多少"亲密战友"?我们在什么问题上能保持一致?我对他们的影响力有多大?

第二,同事们对上司的意愿

大家平常对上司的态度如何?大家影响上司的意愿有多强?大家为了什么事能共同发力?大家发力的程度有多大?

第三,上司对下属们的反馈

上司本人的意志力有多强?这件事在上司心目中是什么程度?上司平常对下属们的反馈如何?上司的底线在哪里?

第五章

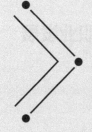

角色定位：要识庐山真面目，提高职业匹配度

只有清楚了自己的定位，才能找到合适的上司来匹配自我发展。双方都知道自己要什么、对方能给予什么，最终形成良好的合作关系，互惠共赢，成为可持续发展的命运共同体。

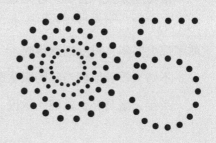

向上管理

1. 做好生涯规划，才会有合适的职业发展

不同抉择：诸葛亮与他的同学们

  魏略曰：亮在荆州，以建安初与颍川石广元、徐元直、汝南孟公威等俱游学，三人务於精熟，而亮独观其大略。每晨夜从容，常抱膝长啸，而谓三人曰："卿三人仕进可至刺史郡守也。"三人问其所至，亮但笑而不言。[1]

  随着时间的延长，不同的人，职业差别是巨大的。

  二十年过去了，诸葛亮在蜀国坐到了丞相的位置，可谓是"位极人臣"。当他回首往事时，想起了老同学——孟建、徐庶、石韬，都在北方的魏国集团工作，不知这些年他们发展如何？

  诸葛亮派人一打听，才知道三个老同学混得都一般，只做到个小干部，不免感到意外：我这几个同学能力也不差，怎么熬了那么多年，没受到重用呢？

  不妨来看看他们当年的职业选择，就可见区别了。

  当年，诸葛亮、孟建、徐庶、石韬四位青年，都二十岁出

头,还是读书的学生。他们都是班里的学霸,从早到晚在一起讨论问题,学习的劲头非常足。

但到毕业时,大家志向不同,都各有选择。

孟建同学,他老家在北方,想回家找工作,而且当时北方有最大的央企——曹氏集团,事业编制,收入稳定,这可是年轻人挤破头都想进的地方。

诸葛亮却喜欢创业公司,还劝过孟建同学:兄弟,曹氏集团已经那么大了,市场饱和了,你进去只能从底层干起,往上爬是很漫长的过程,而且荆州是新兴开发区,正好有我们的用武之地!为什么一定要回老家工作?

但孟建同学没听,还是觉得国企最好,"钱多、事少、离家近",所以,毕业后他就回了北方老家,在曹氏集团上班。

这是大多数人的选择,毕竟国企是旱涝保收,人生不就是图个安稳吗?孟同学的选择也是符合他自己的意愿的,无可厚非。

而诸葛亮、徐庶、石韬都应聘去了一家创业公司——刘备公司。

处于创业期的刘备公司,风险与机遇并存:创业公司人少、规模小,一进去就是核心决策层,诸葛亮、徐庶都受到重用;但创业不稳定,面临巨大的竞争压力,尤其曹操大军南下,刘备公司岌岌可危,很可能就倒闭了。

后来,刘备公司一度撑不下去,员工们纷纷离职。徐庶、石韬两人也跳槽去了曹操集团;而诸葛亮一直尽心做事,出谋划策,还去游说东吴集团,终于挺了过来。

这之后,大家的职业生涯差别就越来越大。

当然,这并不是说,诸葛亮就是正确的,其他三个人就是错的。每个人有不同的职业选择,有不同的归宿。

不妨用"三叶草职业生涯规划模型",可以迅速看清自己的方向定位。

就借用这四位同学的例子来分析一下吧。

三叶草理论:兴趣—能力—价值联动

兴趣、能力、价值这三者是联动的,相辅相成:职业兴趣的高低,会影响到工作能力的大小;职场能力的大小,又影响了事业价值的高低;职场价值的高低,反过来影响到你的职业兴趣。

图 5-1　三叶草职业生涯规划模型

事业顺利的人,三者是相互匹配的。

诸葛亮

他的"兴趣—能力—价值"都很高。

A. 兴趣大：要做就做"金凤凰"，要找到一个实现天下大理想的平台（凤翱翔于千仞兮，非梧不栖）

B. 能力强：有宏观视野，有大局观（有经天纬地之才，能观其大略）

C. 价值高：官至丞相，国家栋梁，青史留名

他的三个同学

他的三个同学，也算是顺风顺水，得偿所愿，当了个小领导，是"兴趣—能力—价值"匹配的结果。

A. 兴趣一般：孟建只想回老家上班，徐庶就想孝敬爸妈，石韬对治国安邦的大事不感兴趣（孟建思乡里，欲北归；徐庶今不幸半途而别，实为老母故也；石韬不省治国安民之事）

B. 能力一般：三人都只精专一门技艺，是技术型人才（三人求学皆务要精熟）

C. 价值一般：当了某个部门的领导

诸葛亮和他的三位同学，都找到了适合自己的职业。

你也用三叶草模型观察一下，对自己的职业生涯会有更清晰的认识。

失败案例：没能获得突破的典型

但在职场中，能像"诸葛四友"这样职业匹配的人并不多。更多的人对现状不满意，在三国历史上，就有不少人一辈

子都没法找到理想的职业。

孔融

孔融一辈子就栽在"职业兴趣"上。他一生忠于汉室朝廷,但朝廷已被曹操控制了,孔融虽能力突出(文学造诣),价值也很高(被列为"建安七子"之一),但他对曹氏集团没有兴趣。

孔融与曹操合不来,也没有选择跳槽,乃至终于某一天,他触怒了领导,下狱被杀,被动终结了职业生涯。

马谡

蜀国的马谡就栽在"能力不够"上。他本来受到诸葛亮重视,价值很高;自己也很想有一番作为,兴趣很大,但能力却差强人意,只是纸上谈兵。

先主临薨谓亮曰:"马谡言过其实,不可大用,君其察之!"[2]

最终,马谡执行一个关键任务时失败,影响了全公司业绩,就是历史上著名的"失街亭",被革职下狱,结束了自己的职业生涯。

魏延

蜀国的另一名干部魏延则是栽在"价值不高"上。他的能力是很大的,带团队、执行力没的说;职业兴趣也很浓,一心想建功立业。可是他的价值一直提升不上去,不受丞相诸葛亮重视,又被同僚排挤。

延常谓亮为怯,叹恨己才用之不尽。延既善养士卒,勇猛过人。又性矜高，当时皆避下之。[2]

最终，魏延变成一个牢骚满腹的人，在公司里和同事关系都不好，又被人算计，身首异处，结束了自己的职业生涯。

如果我们在职场中，也像上面这些人一样，某个环节出了问题（兴趣不大、能力不够、价值不高），无法实现职业理想，该怎么办呢？

有办法，咱们来细细分析一下。

兴趣不大：可以考虑职业转型

先来说"兴趣不大"。

不少人都做着不喜欢的工作，待在不适合的公司里，每天过得乏味痛苦，日复一日，其实是很消耗人生的。

关羽

关羽，他曾有段人生的低谷期，被曹操招降，为曹操做事。

参照三叶草"兴趣—能力—价值"三要素，他其他两个因素并不差，首先他的能力很强，替曹操干掉了两个竞争对手。

斩颜良，诛文丑。

他的价值也很高，被曹操器重，获得提拔，封侯授爵。

曹公即表封羽为汉寿亭侯。[2]

但他职业兴趣很小，无心留在曹氏集团，一心想回刘备公司。

羽叹曰："吾极知曹公待我厚，然吾受刘将军（刘备）厚恩，誓以共死,不可背之。吾终不留,吾要当立效以报曹公乃去。"[2]

所以,关羽的三叶草模型中,"兴趣"是他成长乏力的关键原因。

怎么办呢?

应该考虑职业转型,去做你喜欢的事情、争取喜欢的岗位。

关羽纠结了一段时间后,选择离开了曹氏集团,"千里走单骑"到刘备公司,传为成功跳槽的千古美谈。

羽尽封其(曹操)所赐,拜书告辞,而奔先主(刘备)于袁军。[2]

跳槽,找到自己的职业兴趣,是个不错的选择。

但如果很难跳槽,怎么办?

比如,你的跳槽成本太高,可能是因为地域限制、家庭责任或年纪大了等,总之,辞职是不划算的,但兴趣又不在主业上,而在其他方面,怎么办呢?

张鲁

可以学习三国另外一个人物:张鲁。

汉末,力不能征,遂就宠鲁为镇民中郎将,领汉宁太守,通贡献而已。[2]

张鲁是汉中分公司的领导。汉中这个地方,夹在益州和中原的中间,没有太大发展空间,但旱涝保收,过小日子还是不错的。

张鲁经理也已人到中年,不愿再折腾了,反正把自己的一亩三分地治理好,不出乱子也就够了。

但张鲁有另外一个兴趣——道教。他可是中国道教始祖张天师的后代,对养生、锻炼、炼丹充满兴趣,这变成他的一个副业。

每天下班后,他都把时间投入在"道教"上,一门心思地钻研。

祖父陵,客蜀,学道鹄鸣山中,造作道书以惑百姓……鲁遂据汉中,以鬼道教民,自号"师君"。[2]

正应了鲁迅那句话"成功人士的秘诀在于八小时之外",张鲁把这个副业搞得风生水起,道教感化人心,竟然促进了他的主业。在公司里,所有员工都受到感染,修身养性,和睦共处,食堂免费吃饭,大家想吃多少就吃多少,竟然成了三国时期最和平的一片乐土。

皆教以诚信不欺诈,有病自首其过,大都与黄巾相似。诸祭酒皆作义舍,如今之亭传。又置义米肉,县于义舍,行路者量腹取足;若过多,鬼道辄病之。犯法者,三原,然后乃行刑。不置长吏,皆以祭酒为治,民夷便乐之。[2]

像张鲁这样,活得也不错吧?不弃主业,开发副业,乐此不疲,相得益彰,出乎意料地取得更大成就,也实现了人生的拓展!

能力不够:努力提升业务水平

再来说说三叶草中的"能力不够"问题。

吕蒙

东吴的大将吕蒙就是典型。参照三叶草"兴趣—能力—价值"三要素,他其他两个因素并不差。

吕蒙的职业兴趣很大,凡事都冲锋在前,起到表率作用。

蒙勒前锋,亲枭就首,将士乘胜,进攻其城。[2]

他职业价值也高,受到领导的重用,得年终奖也最多。

(孙权)以蒙为横野中郎将,赐钱千万。[2]

但唯独,职业能力有欠缺。吕蒙的文化程度低,连字都认不全,每次要写文章时,只能自己口述、让他的属下帮忙。

蒙少不修书传,每陈大事,常口占为笺疏。[2]

自从当了领导,吕蒙就捉襟见肘,在交流、协调、人际关系方面,感到力不从心。

怎么办呢?这种情况下,就不是跳槽的问题了,而是提升业务能力、努力精进的事了。

初,权谓吕蒙曰:"卿今当涂掌事,不可不学。"蒙辞以军中多务。权曰:"孤岂欲卿治经为博士邪!但当涉猎,见往事耳。卿言多务,孰若孤!孤常读书,自以为大有所益。"蒙乃始就学。及鲁肃过寻阳,与蒙论议,大惊曰:"卿今者才略,非复吴下阿蒙!"蒙曰:"士别三日,即更刮目相待,大兄何见事之晚乎!"肃遂拜蒙母,结友而别。(《资治通鉴》卷六十六)

孙权总裁多次劝他要学习。

吕蒙听从了孙总的建议,就努力学习,提升文化水平。

效果很显著,不久之后,他的直属领导鲁肃来巡察,跟他讨论事务时,发现吕蒙出口成章啊,分析得头头是道。鲁肃吃惊地说:"你进步真快,已不是当年那个阿蒙愣头青了!"吕蒙笑道:"士别三日,当刮目相待。"因此留下了这个成语典故。

那有人说了:我能力不够,年纪也大了,学新技能的话,尤其是新科技,根本学不过后辈小青年,赶不上他们,可怎么办?

黄盖

那不妨参照东吴的另一个将领:黄盖。

黄盖是东吴集团的老臣了,赤壁之战时,已经一把年纪了。

黄公覆乃东吴三世旧臣。[1]

他的职业兴趣很大,对东吴很忠诚,一腔热情贡献一生;职业价值也高,资格老,受到三代领导人的尊敬。

但他作战的能力不够,尤其是东吴水军经过改良后,老同志更胜任不了。黄盖始终是个后勤主管(东吴粮官),负责基础的粮草运输。

但黄老将军也想有所突破,为自己的职业生涯迎来"第二春"。

于是,黄盖创造了一项新技能:演戏。

他和大将军周瑜上演了一出"苦肉计",有了"周瑜打黄盖"的典故。

瑜曰:"今日痛打黄盖,乃计也。吾欲令他诈降,先须用苦肉计瞒过曹操,就中用火攻之,可以取胜。"[1]

周瑜派黄盖去"诈降"曹操,博得信任,里应外合,帮助周瑜完成了对曹军的致命一击,从此他为自己的职业生涯点燃光辉!

黄盖同志通过"自创技能",找到一个弥补能力不足的好方法。

价值不高:蛰伏隐忍等待时运

再来说说"价值不高",这方面,魏国的司马懿是典型。

参照三叶草"兴趣—能力—价值"三要素,他的其他两个因素并不差。

《晋书·宣帝纪》所述,司马懿的职业兴趣很大,一直想建功立业,匡扶天下。

汉末大乱,常慨然有忧天下心。

能力也很强,是三国时最懂计谋的人之一。

少有奇节,聪明多大略,博学洽闻,伏膺儒教。

但唯独职业价值一直提升不了:他和诸葛亮年纪差不多,但晋升速度慢如蜗牛,诸葛亮早早做到了公司二把手,司马懿混了十年,还只是一个小秘书(文学掾)。

在曹操时代,司马懿一直未得到重用,职业价值很低。他向领导提过很多有远见的建议,比如趁机攻打刘备、抢占四川,但都被曹操否决了,曹操并不看重他的建议。

(司马懿)言于魏武(曹操)曰:"刘备以诈力虏刘璋,

蜀人未附而远争江陵，此机不可失也。……"魏武曰："人苦无足，既得陇右，复欲得蜀！"言竟不从。

司马懿曾经劝曹操攻打刘备："刘备刚刚用欺骗的方法打败刘璋，吞并四川市场，这时蜀人都人心不服，局势还是动荡的，咱们机不可失，趁机进攻四川，一定能消灭刘备。"

这个建议非常有效，但曹操却否决了："人要知足，咱们刚取得了陇右的地盘，怎么又想着吞并蜀地呢？"这就是"得陇望蜀"成语的由来。

曹操觉得司马懿这个人心太大，也不想提拔他。

并且曹操一直到临死前，还提防着司马懿，不重用他，还告诫儿子曹丕，别提拔司马懿这个人，说他以后肯定会干预曹氏集团，不是个做臣子的人。

因谓太子丕曰："司马懿非人臣也，必预汝家事。"

当然，曹操的眼光确实也毒辣，看准了司马懿，一直压制着他。

在司马懿四十岁之前，职业价值一直得不到体现，在公司里是个打酱油的。但他又很有兴趣、有能力，也愿意待在曹氏集团。怎么办？

等机会啊，蛰伏隐忍啊，做一条"潜伏的龙"啊。

当他知道曹操怀疑自己时，立刻变得谨言慎行，勤快听话，随叫随到，对领导相当尊敬，让曹操放心了许多。

帝（司马懿）于是勤于吏职，夜以忘寝，至于刍牧之间，悉皆临履，由是魏武意遂安。

向上管理

这还不够,熬了好多年,依然没被重用,一直等到曹操去世,新领导曹丕上来了,才受到关注。

他到五十岁,才开始崭露头角,奉命与蜀国的诸葛亮交战,逐渐掌握了军队大权。而此时的诸葛亮,当丞相都有十几年了,早就在"一人之下,万人之上"了。

再说司马懿,七十岁时才诛灭他的竞争对手曹爽,算是真正掌握了大权。

司马懿是靠不断地"忍""熬",才终于崭露头角,熬过了所有竞争对手,最终使自身价值达到人生巅峰,成为整个国家的实际掌权者。

当然,最后他的儿子、孙子,整个家族建立了新国家,他也成为新王朝的太祖,这个职业价值已经超过了个体的能力极限。

职场实践:我目前的职业状态如何

结合自身的职场环境,对自己做一个状态分析,可以用以下问题进行梳理。

分析因素

兴趣、能力、价值,我目前哪一个因素最需得到改善?

兴趣不大

如果是"兴趣不大",那么我的兴趣是什么?与目前现状差距多大？是否部分吻合？是否可发展为第二职业？如果要转行，代价有多大，能否承受？

能力不够

如果是"能力不够"，那么我需弥补哪种具体能力？提升的时间、成本如何？公司是否有资源为我所用？这项能力是否可成为我未来的核心竞争力？

价值不高

如果是"价值不高"，那么是因为何种因素导致？譬如性格、属性、背景、部门原因、领导原因、外界不可抗力因素等？是我可掌控的，还是不可掌控的？可掌控的要如何改善？不可掌控的是否要另做打算？

2. 达成合作关系：共赢互利才有持续发展

双方需要：你好我好大家好

最良好的上下级关系是怎样的？

不是"你命令，我执行"，而是"我们是合作伙伴"。

因为是合作，双方更趋于平等。

因为是合作，双方更聚焦于事情本身。

因为是合作,所以你好、我好、大家好,而不是领导一个人好。

我们只是分工不同——我需要你来统筹全局,你需要我去具体落实。大家相互配合,相互帮忙。这种关系才能真正稳定。不然,谁能永远承受单方面的权力约束呢?一定是双方都有权利和职责,才能长期共处。

随着社会越来越发达,人与人的交往愈加平等,上下级关系也不再是"命令与被命令"的单一关系。未来的组织,更趋向于"合伙人"概念,大家是合伙做事业,而淡化了"上下级命令"的等级概念,所以,我们看待领导的角度也在悄然发生改变。

当然,合作也是有层次的,至少可以分为以下四个层次。

A. 有效执行:上司负责指挥,你负责落实

B. 能力互补:你和上司各有强项,相互补充

C. 资源链接:你的资源与上司的资源对接,达成共赢

D. 荣辱与共:你与上司在价值观、理念上实现共振

且让我们细细看来。

有效执行:让自己变成上司的手脚

第一个层次,有效执行,还是比较基础的合作关系,此时不需太多想法,领导让你怎么做,你就执行到位就好了。你起

到的作用，相当于上司的手、脚。

赵云

赵云刚进公司时，就是做"执行"工作。

还经常陪同二把手诸葛亮做好安全工作。

这些具体执行的工作，领导通常已经有了成型的想法，只是忙不过来，力所不及，让你去落实。

比如像诸葛亮这样，想法都很周全了，赵云照做就行。

孔明曰："吾已定下三条计策，非子龙不可行也。"遂唤赵云近前。[1]

你相当于领导的手、脚，领导自己是"大脑"。手脚本身是没有想法的，按照命令干活就行了。

在做这些事时，关键要做到对任务的精准理解。

可以用5W1H法则，和领导确认这些要素：为什么要做（why）、具体做什么（what）、什么时间做（when）、什么地点做（where）、哪些人来做（who）、具体步骤怎么做（how）。

把这些问题确认后，你就可以按部就班去执行了，而不需要自己太多的想法，因为你本身就是替领导去实现他的想法。

马谡

在这个层面，如果自己想法太多，反而不是一件好事，会弄巧成拙。比如，诸葛亮手下有一位高才生——马谡，他就不按照领导的原意执行，在一场重要的战役中，发挥想象改变原

计划,这就是历史上著名的"失街亭"典故。

孔明曰:"街亭虽小,干系甚重。倘街亭有失,吾大军皆休矣。汝虽深通谋略,此地奈无城郭,又无险阻,守之极难。"[1]

诸葛亮对马谡说:"我派你去镇守街亭,这个地点虽小,但是关系重大,如果失守,整个大军的防线都会崩溃。它没有城墙可守卫,也没有天险,极难防御。"

诸葛亮制订了精确的计划,让马谡按此去严格执行。

但马谡这个人呢,颇有才华,也很自负,领了诸葛亮的任务后,并不按此执行。

谡曰:"某自幼熟读兵书,颇知兵法。岂一街亭不能守耶?"[1]

他觉得:"我自幼熟读兵书,很懂兵法,一个小小的街亭我还守不住吗?"

然而马谡还是觉得:领导考虑得太多啦,根本没那么复杂,我还是把他的任务简化一下吧,我也很懂军事的。

马谡笑曰:"丞相何故多心也?量此山僻之处,魏兵如何敢来!"[1]

到了现场后,马谡就自己发挥了,把诸葛亮的交代抛之脑后。

这时他的搭档王平还劝说:"马主管,诸葛丞相交代的事,咱们要严格执行,不要轻易更改。这里地势险要,丞相以前都亲自给我们指点,我们千万不要自作主张。"

平曰:"吾累随丞相经阵,每到之处,丞相尽意指教。

今观此山，乃绝地也：若魏兵断我汲水之道，军士不战自乱矣。"[1]

结果呢？街亭失守，马谡惨败。这导致了蜀军全面溃败，害得上司诸葛亮差点老命都给丢了，在来不及迎敌的情况下，只能上演"空城计"，吓退敌军。

最后，马谡被军法处置，下狱杀头。

赵云、马谡两个人的例子，一正一反，给我们很大启示：执行任务时，要学赵云，把领导的意图贯彻到位最妥当；不学马谡，不要自己发挥想象，自以为是地擅自改变领导意图。

当然，"执行"只是你与上司合作的最基本的一项能力，起到的作用只是手、脚功能，再继续深一层次，就要成为上司大脑的一部分了——这就是接下来的"能力互补"。

能力互补：独有的才干弥补上司的需要

当事务更复杂时，就不能只是闷头做事了，这时上司需要你去独当一面。

这种合作叫作"能力互补"，不仅需要执行力，还需要思考力，要有"谋划""决断"等能力的体现。

这一类人比上一类"执行者"的能力更突出了，也更有优势。他们不仅是上司的手、脚，还是上司头脑的一部分。

诸葛亮作为刘备的下属，出谋划策、思考问题，相当于刘备的一部分大脑。

刘备创业十多年，在此之前，身边主要是关羽、张飞这样执行力强的人，但缺少有智慧、能制定战略的人。诸葛亮则弥补了这个欠缺。

所以，刘备急需他这方面的能力来弥补自己的不足，上下级的合作就达成了。

他们比"执行者"更高，也更受到领导的重视。

在三国里，很多谋士都属于这一层次。比如，曹氏集团里最著名的谋士荀彧。

常居中持重，太祖（曹操）虽征伐在外，军国事皆与彧筹焉。太祖问彧："谁能代卿为我谋者？"[2]

曹操虽然也是身经百战之人，但遇到军国大事等关键问题，还是要向荀彧咨询："还有谁能像你这样，能替我谋划啊？"

在曹操眼中，荀彧的能力是"为我谋者"这四个字——这意思，不就是"成为领导的大脑"吗？

"思考者"不能像"执行者"那样只顾着埋头做事，而是替领导考虑周全，多想主意，乃至于解决问题。这其中，可以采用的方法有"上中下策提建议"的诀窍、有"前提—事实—结论"三段论改变领导想法、"本能—情感—理性"三步法说服领导决策等。在此之前的篇章里，我们都详细提到过。

第五章 角色定位：要识庐山真面目，提高职业匹配度

资源链接：自带资源与上司合作

这一类人，不仅仅有个人的才能，还自带丰富的资源，有自己的资本或是团队，他们与上司的合作关系就更进一层了。

鲁肃

东吴的鲁肃，原本就是大富豪。所以，他加入东吴集团，是带了自己的财产和粮仓来"入股"，而成为东吴的高级主管的。

（鲁肃）家富于财，性好施与，尔时天下已乱，肃不治家事，大散财货，摽卖田地，以赈穷弊结士为务，甚得乡邑欢心。周瑜为居巢长，将数百人故过候肃，并求资粮。肃家有两囷米，各三千斛。肃乃指一囷与周瑜，瑜益知其奇也。[2]

当年鲁肃家里很有钱，他也乐施好善，正当天下大乱的时候，孙氏集团崛起，周瑜是孙氏集团的大将，在带兵作战时，因为粮食不够而向本地土豪鲁肃求助。鲁肃把家里粮食分一半给了周瑜的军队，后来两人成为好朋友，鲁肃也因此自带资源加入孙氏集团的阵营。

马超

蜀国的马超，他不仅自己武艺高超，而且相比于其他武将来说，他更有重要的军队资源，所以，更受到刘备重视。

马超积祖西川人氏，素得羌人之心，羌人以超为神威天将军。[2]

马超祖上就是西川边境的人氏,在羌族人心目中很有威望,这些游牧民族都把马超看作神威大将军,听他的号令。所以,他投靠刘备后,因为自带强大粉丝资源,刘备封他为大将军,掌管整个西北边境。

魏延

而再反观刘备阵营的另一个将军——魏延。论个人能力,他不比马超差,一样能征善战,但他很长时间没受到重用,为什么?因为魏延只有一个人,没有自带资源和团队。

(魏延)以部曲随先主(刘备)入蜀,数有战功,迁牙门将军。[2]

意思是说,魏延当年是以"部曲"的身份加入刘备阵营的。"部曲"是古代介于奴婢和平民之间的一个阶层,身份很低,本人没有户口。魏延的身份很低下,更不可能自带团队了,虽然他武力过人,个人能力强,但刘备仅仅提拔他为"牙门将军"——这只能算作杂牌将军,不是古代正式的军衔。魏延也因此熬了几十年,才成为蜀国的一员大将,但即使如此,依然被老同事们看轻。

所以,几乎同一时期进入公司的魏延、马超,待遇却差别巨大。

拥有自己资源的下属,最受到上司重视,因为他们不仅"出卖个人的劳动",还拥有自己的团队、资产、人脉等丰富资源。说白了,职场是一个"利益需要"的地方,谁的资源越丰富,被重视的程度就越高。

孟获

在三国里，最受重视的当然是南方的少数民族头领——孟获。他不仅有个人才能，更有军队、有地盘、有资产，这种称霸一方的头领，上司是无比重视的。

诸葛亮亲率军去征讨，就有人建议说，对待孟获，强力征服是不管用的，一定要与他合作，收服其心，让他知道与蜀国合作有好处，双方关系才能保持长久。

南中恃其险远，不服久矣。虽今日破之，明日复反耳。……夫用兵之道，攻心为上，攻城为下，心战为上，兵战为下，愿公服其心而已。[2]

所以，诸葛亮才有了"七擒孟获"的故事：七次打败孟获，但七次都把他放了，为的就是收服人心，达成合作。而孟获也识时务，最终把自己定位为"下属"的角色，效忠于上司诸葛亮，为蜀国边境保平安，自己又能掌控一方。双方非常愉快地合作了几十年。

荣辱与共：价值情感利益的绑定

最高层次的合作，是下属和领导在价值观、情感、利益上保持一致，大家是"一条船上的"，形成荣辱与共的关系——这已经超越普通的工作关系。

比如关羽、张飞，他们俩和刘备不仅仅是上下级关系，还是"同事+亲人"的关系。他们早年就结拜为异姓兄弟,"桃园三结义"的典故便由此而来。刘备和他们除了工作上配合,连吃饭、睡觉、生活都在一起,真可谓是家人一样。

先主(刘备)与二人寝则同床,恩若兄弟。[2]

他们的价值观高度一致,感情也非常深,比如,关羽哪怕受到其他公司优厚的待遇,都义无反顾地要去追寻刘备。

羽叹曰:"吾极知曹公待我厚,然吾受刘将军厚恩,誓以共死,不可背之。吾终不留,吾要当立效以报曹公乃去。"[2]

这种合作关系是最铁的。

到后期,诸葛亮和刘备也是这种关系,刘备对诸葛亮的信任,已经超越了一般君臣,在去世前要求自己的儿子刘禅对诸葛亮要像父亲一样,当成自己家里的人。

先主(刘备)又为诏敕后主(刘禅)曰:"汝与丞相(诸葛亮)从事,事之如父。"[2]

并且对诸葛亮非常坦诚,跟他交代后事时完全是自家兄弟商量的口吻。

谓亮曰:"君才十倍曹丕,必能安国,终定大事。若嗣子可辅,辅之;如其不才,君可自取。"[2]

上下级关系做到这种份上,真的是达到巅峰了。

他们的价值观高度一致,情感非常牢靠,利益也绑定在一起,可谓是相得益彰,相互成就。

其实,发展到这个层次,刘备和关羽、张飞、诸葛亮就有点像现代企业的"合伙人",大家是参股合伙开公司,只是职责分工不同,但绑定了共同的利益,一起朝着同一个目标前进。

每个人都知道,别人的努力会让自己有好处,自己的努力也会给别人带来好处,这就是"我为人人,人人为我"的体现。

这样的上下级,真正成为"共生"关系,是感情最为真挚、连接最为紧密的伙伴,相互间成为人生中不可或缺的一部分。

职场实践:分析自己在哪一个层次

你与上司处在哪个层次的关系,是基于自身的角色、实力决定的。

可以查看分析一下,自己在哪个层次?

新人、基层员工

通常只能是"执行者"的角色,接受上司的指令,做好规定事务,机械性地行使自我功能。

有经验的骨干员工

你的才能卓越,能替上司撑场子、解决更大问题,部分地替代他去完成任务,有创造力地行使自我功能。

自带资源的实力人士

你本身拥有资源,是上司所需要或借助的,你们之间相互链接,你有自己的一方天地,可以讨价还价。

价值观利益一致的合伙人

你们绑定在一起,休戚与共,不仅是上下级,更是朋友、伙伴的关系,相互成为人生中不可或缺的一部分。

3. 特殊手段:老司机都不会说的方式

做挡箭牌:冲在前面替领导挡刀

在与上司相处的过程中,有一些微妙的角色,需要你去扮演。

这些关系和岗位无关,但和人性有关,如果你不懂,就很容易碰壁。

比如,为领导做"挡箭牌",就是一个临时而微妙的角色。

领导遭受压力时,比如,面对他人冲击或更高一级的权力压迫,这时如果下属也在场,他是很没面子的,有损于权威尊严。如果下属"够懂事",这时应该主动跳出来,替领导"挡刀",避免其遭到正面冲击。

在刘备想向东吴求援时,诸葛亮就主动出来做"挡箭牌"。

当时,曹操大军压境,刘备公司岌岌可危,而东吴的孙权也派了鲁肃前来接洽,刘备仿佛抓到一根救命稻草,急于联络鲁肃,和东吴联合抗曹。

但鲁肃,是由公司一把手刘备亲自洽谈吗?

这是不妥的。原因有三:一是显得太心急,老总亲自面谈,说明我方特别看重此事,让自己陷于被动;二是老总谈完之后,基本是改不了了,如果让下级去谈,老板还有回旋的余地;三是刘备和鲁肃的级别不对等,如果第一次就把自己身份做低,尤其在中国文化里,主动表示"低人一等",合作上容易吃亏。

于是,诸葛亮这时站出来,替领导出面。

遂谓玄德:"鲁肃至,若问曹操动静,主公只推不知,再三问时,主公只说可问诸葛亮。"[1]

诸葛亮跟刘备说:"刘总,东吴特使鲁肃来了,如果他要打听情况,你就推到我身上来,我来替你回答。"

这样,刘备就不需要直接面对鲁肃。毕竟,刘备当时吃了败仗、状况不佳、实力很弱、经营不善,处处都是劣势,如果他跟鲁肃面谈,是很尴尬的,会让对方瞧不起。

诸葛亮作为下属去谈,就是去替领导"挡刀"的。

谈完之后,诸葛亮打算跟鲁肃去东吴,面见孙权总裁。这说明刘备公司已经确定了"求援"方针。

但这时刘备还要维持一下高姿态,毕竟不能显得我方太渴求了。

肃坚请孔明同去。玄德佯不许。孔明曰:"事急矣,请奉

命一行。"玄德方才许诺。

鲁肃请诸葛亮一同去东吴见孙权。刘备佯装作不肯，故意摆出姿态。而诸葛亮也装作请求的样子："事态紧急，请刘总您同意让我去吧。"

这样一装，把刘备的姿态做高了，维持了己方公司的尊严。然后刘备才同意说："好吧，既然你坚持要去，我就答应了。"

这种"挡刀"职责是下属的基本角色之一。

还有情况更严重之时，下属的挡刀功能就更强了。

比如，两个领导之间爆发冲突，都下不了台了，下属要出来牺牲自我，缓和冲突。

后来刘备和孙权发生了一场冲突，且看其中人物的表现。

刘备来东吴娶亲，为政治联姻，娶的是孙权之妹、吴国太之女——孙尚香。吴国太很喜欢刘备，安排在甘露寺定亲；但孙权不喜欢，便让大臣吕范安排了刀斧手贾华暗中埋伏，想杀了刘备。

当时在场人的级别是这样：

A. 最高级：吴国太（孙权、孙尚香的母亲，刘备的准岳母）

B. 次高级：刘备、孙权（两大集团的首领）

C. 中层干部：吕范（孙权的谋士）

D. 基层干事：贾华（刀斧手）

最初，场面喜气洋洋，定亲的日子，由吴国太做主。孙权和刘备都在旁边恭候着老人家。

但很快，吴国太发现不对：儿子孙权在背后做手脚，想害刘备。老人家很生气，当着所有人的面，在现场发飙了。

国太大怒，责骂孙权："今日玄德既为我婿，即我之儿女也。何故伏刀斧手于廊下！" [1]

吴国太大怒，骂儿子孙权："今天是我选刘备做女婿的良辰吉日，我准备要把女儿、你妹妹嫁给他。你怎么埋伏刀斧手要杀他？"

现场气氛顿时僵住。

当时，孙权和刘备的属下都在场，矛盾被挑明，谁都下不了台阶。

孙权、刘备二人，作为两大集团的老板，心里也在纠结：我俩当面发生冲突，很难有回旋余地了，这个残局收拾不了，这可怎么办？

尤其是孙权，他面对冲突，承认也不是，不承认也不是。承认的话，就是公开和刘备撕破脸了；不承认的话，可事实证明他做了手脚，怎么解释？

考验智慧的时候来了。

这时，就要赶紧找"挡刀者"，让下属来背这口黑锅。

权推不知，唤吕范问之。范推贾华。国太唤贾华责骂，华默然无言。 [1]

孙权赶忙推说："我不知道这回事，还有这事？埋伏刀斧手，谁干的？"然后叫属下吕范过来，问："吕范，是不是你

瞒着我安排的?"

吕范作为中层干部,也不傻,他也装:"我也不知道啊,还有这事?肯定是下面的基层员工干的。"于是再叫更低一级的下属贾华过来,问:"贾华,是不是你私自安排的?"

这就是职场中常发生的现象:上级挨了骂后,就一级一级骂下去。

吴国太大怒,责骂贾华:"原来是你干的啊!混账东西。"

贾华的反应是什么?四个字:"默然无言"。

他作为最低一级的下属,要给所有的上级背锅。此时的他,肯定不能否认这件事,不然上级就演不下去了;但他也没必要主动承认,最好的方式就是"默认",不说话,不表态,也不否认,默默地做好"背锅侠"就是了。

贾华挨骂,就是让领导们有台阶下。

吴国太也不傻,她不冲着孙权发火了,毕竟孙权是自己儿子,而把矛盾全推到贾华身上。

吴国太还要继续表态,把贾华当作"挡箭牌",要斩了他。

国太喝令斩之(贾华)。[1]

这是吴国太做给刘备一方看的,意思是说:你看,我可是很公正的。

而刘备也不傻。在别人家的地盘上,怎么敢撕破脸呀,赶紧打圆场。

玄德告曰:"若斩大将,于亲不利,备难久居膝下矣。"

乔国老也相劝。国太方叱退贾华。刀斧手皆抱头鼠窜而去。[1]

刘备知道,如果真斩了贾华,孙权是要记恨的,俗话说"打狗也要看主人"。赶紧劝道:"算啦算啦,国太您别生气了,今天是定亲的日子,杀人是不吉利的,还是放了贾华吧。"

其他人也过来劝,乔国老也出来劝。

双方都有了台阶,气氛也就缓和了。吴国太也就放了贾华一马,贾华领着一帮刀斧手"抱头鼠窜"而去,这事就可以了结了。

你看,贾华这个"背锅侠",把角色做得真到位。

大家也就各得其所,一场风波就此平息。

演一场戏:看破领导心思但不点破

领导对你有些怀疑,你也察觉到他对你不信任。

你想向他证明自己,但又不能明说,这会让双方都尴尬。怎么办?

可以演一场戏,通过某些间接行为,表明你的态度,却又不点破。

秦国的老司机王翦就是这么干的(《史记·王翦将兵》)。

王翦是秦始皇手下最有名的大将之一,世代都征战沙场。秦国欲灭楚国,举全国六十万兵力,派王翦统领。但把这六十万大军全都交由王翦一个人指挥,秦始皇难免不放心。属下的权力过大,领导都会忌惮的。尤其像秦始皇这样心理阴暗、多疑之人,对待权力过大的下属更是小心,亲自把王翦送到长安城外围,还不放心。

于是王翦将兵六十万人,始皇自送至灞上。

王翦可是职场老司机了,他发现秦始皇不放心自己,就自编自导了一场戏,让秦始皇一下子就释疑了。

王翦行,请美田宅园池甚众。始皇曰:"将军行矣,何忧贫乎?"王翦曰:"为大王将,有功终不得封侯,故及大王之向臣,臣亦及时以请园池为子孙业耳。"始皇大笑。

王翦在准备出兵时,跟秦始皇谈条件:大王,要把咸阳城周边的田宅美院都赐给我啊。秦始皇问:"王将军你都是一国大将了,还想着这些发财的事呢?"王翦说:"领导,我年纪一大把了,怕自己以后封不到侯爵,所以现在趁机向您多要些土地、田宅,好给我自己养老啊,也能留给我的后代子孙们。"秦始皇听了后,哈哈大笑。

秦始皇为什么大笑?因为他放心了。一个手握六十万大军的人,还想着回来养老,要房子要田地,让子孙们住进去——说明他没有叛逆之心,就想着安安稳稳地退休回老家。

这样还不止,王翦还要继续演下去。

王翦既至关,使使还请善田者五辈。或曰:"将军之乞贷,亦已甚矣。"

他出兵之后,还继续派使者禀报秦始皇,希望再多赐些田产，乃至于连续申请了五次。这戏演得可有点过了，下属们都看不下去了："老将军，您这样巴望着那些田产，可有些过分了，不像您的风格啊。"

王翦是怎么回答的？

王翦曰："不然。夫秦王怚而不信人。今空秦国甲士而专委于我，我不多请田宅为子孙业以自坚,顾令秦王坐而疑我邪？"

王翦说："才不是呢，你们以为我为了发财吗？要知道，秦王疑心很重的，尤其对于我们这种手握重兵之人。现在秦王把军队都交给我一人统率，他更纠结犹豫，我要是不多申请一些私人田产，表示自己想回家养老，考虑子孙后代的事，他能放心吗？"

这就是看破了领导的心思，但又不能明说，就演戏给他看。领导也不傻，一看就明白了，与下属心照不宣。

演技高超的不止王翦，还有汉朝开国丞相萧何（《史记·萧相国世家》）。

（刘邦）数使使问相国（萧何）何为。相国为上在军，乃拊循勉力百姓，悉以所有佐军，如陈豨时。

刘邦建立西汉，萧何是第一功臣，当上了丞相。每次刘邦亲自带兵出去打仗，萧何都在首都坐镇，勤勤恳恳地做好后勤工作，从未有懈怠。

但即使这样，刘邦还是不断派使者从前线回来询问萧何在干什么。萧何就更不敢懈怠，表现得愈加敬业，勤勉对待百姓，

向上管理

把关中地区治理得井井有条。

可这时有个门客来提醒萧何,说了一句惊为天人的话。

客有说相国曰:"君灭族不久矣。夫君位为相国,功第一,可复加哉?然君初入关中,得百姓心,十馀年矣,皆附君,常复孳孳得民和。上所为数问君者,畏君倾动关中。今君胡不多买田地,贱贳贷以自污?上心乃安。"

门客说:"丞相,您离灭族不远了!"

可把萧何吓得够呛:"我兢兢业业做事,为什么离灭族不远了?"

门客说:"您知道为什么皇上不断地派使臣来查看吗?"

萧何说:"当然是看我做事是否尽责啦。"

门客直摇头,说:"丞相,您现在已经是一人之下万人之上了,业绩还做得这么好,还能提拔吗?再往上提拔是什么地位了?威胁到皇权了。当初,进入关中地区,在此建都,您就名声很高,得到百姓们的拥护。如今十多年过去了,您的名望和地位都达到了顶峰。皇上多次派人问及您,就是怕您控制了整个关中地区。您要是造反,还不是轻而易举的事?"

这一番话说得萧何心惊肉跳,冷汗直流。

原来皇上是这样想的,那可如何是好?

直接向他表忠心吗?那岂不是显得欲盖弥彰,此地无银三百两?

但总要做点什么来化解吧,那就演一场戏好了。

门客提出一个建议:"丞相,您不如故意利用职权低价买土地,然后租出去赚钱,表示自己只为了那些蝇头小利,其实没什么大的志向。而且不久之后,就会有人到皇上那里告状,只有您的名声受损,皇上才不会对您起疑心啊。"

萧何听了,一拍大腿:"有道理,就这么干。"

于是相国从其计,上乃大说。

于是萧何按这个计策演了一场戏,真损害了自己的名声,刘邦听说后,反而高兴起来。因为,他安心了。

投其所好:保持和领导一致的兴趣

领导也是人,只要是人,就有兴趣偏好。如果你和领导有一致的兴趣,或者投其所好,领导自然更关注你。

历史上知名的,如宋徽宗和蔡京。他们君臣二人都对字画、奇石很有研究,两人在艺术上的造诣都很高,书法都是一等一的好手,有共同语言,因此超越了上下级关系,更像是朋友知己;再如乾隆与和珅,和珅可是精通满、蒙、汉、藏四种语言的高才生,又精通诗词歌赋,乾隆也是写诗高手,两人经常切磋文学,兴趣一致,也超越了一般的上下级关系,变得相互欣赏。

别看蔡京、和珅被批为奸臣,但他们能得到上司的欣赏,与其能力、兴趣有关,这一点是值得借鉴的。

或许你以为,只有"奸臣"会对领导投其所好?而"忠臣"

就只会苦口婆心地劝谏？非也。"忠臣"一样懂得对上司投其所好。

袁崇焕，是明朝的大忠臣，他驻守北部边疆，多次打败入侵的敌军，立下汗马功劳，被称为"大明长城"。后世的许多人都赞扬他，梁启超称他是"关系国家之安危、民族之隆替者"，金庸赞扬他"袁崇焕是悲剧英雄，他有巨大的勇气，冲天的干劲"。

但袁崇焕在对待他的上级——大太监魏忠贤时，也是"投其所好"。

当时，明朝天启皇帝不管政事，大太监魏忠贤控制朝政，可谓"一人之下，万人之上"，满朝官员都噤若寒蝉，被无辜整治的人很多。而袁崇焕却和这位"太监上司"关系要好，在写给朝廷的奏折里，肉麻地吹捧魏总，说他功在社稷，古今内外都找不到第二个这么厉害的人了。

魏忠贤喜欢标榜自己，最大的兴趣是自我宣扬。于是，全国的官员都抢着给他建"生祠"。何谓生祠？为活着的人建立祠庙，而加以奉祀。这种全国宣传标杆人物、道德模范的方式，竟然用在大太监那里。

而袁崇焕早早地就投其所好，在辽东前线给魏忠贤建了生祠。

所以，即使是忠臣，要出业绩，一样要对上级领导投其所好。

当然，有人说，魏忠贤是坏蛋，控制朝政，袁崇焕不得已才巴结他。但明朝还有一对上下级：张居正、戚继光，这两人都是绝对的正面人物，戚继光一样对张居正投其所好。

戚继光是中国著名抗倭将领，治军严谨，雷厉风行，打败日本海盗，维护国家尊严；张居正是明朝最有名的宰相，主导经济改革，推动国家转型，政绩非常之高。

但张居正就没有自己的兴趣爱好？戚继光就永远是刚正不阿的态度？

非也。戚继光给他的老领导张居正送礼送得可吓人了。

张居正离京返乡安葬亡父时，一路上大摆排场，不仅京城的各级官员前来相送，而且坐着官员们特意定制的"豪华房车"——超级大轿子，要三十二个轿夫一起抬，内有卧室、起居室、走廊。除此之外，戚继光专门派了火铳手、弓箭手等高级保镖，一路护送张居正回老家，那气势风光至极。

张居正也非常享受，从不拒绝下属贡献的好意。

斩断能力：用自废武功的方式表忠诚

要博得上司的信任，还有一个更极端的方式——自废武功。向上司表明自己的死心塌地：我现在没别的办法了，只能依靠您了，您绝对可以相信我。

为什么太监很受皇帝信赖？其信任度常常超过那些功

向上管理

臣们?

因为太监失去了"传宗接代"的能力,他们没有后代,也没有亲人,这一生也没有期盼,永远只是一个人。对太监来说,这辈子唯一的生存方式就是依靠皇帝,与皇帝荣辱与共。

而大臣们、将领们再怎么忠诚,也有自己的家人、老婆孩子、党羽势力。他们首要是考虑自家人,然后是团队部下,而对于皇帝,那只是需要的时候才效忠,不需要的时候也许哪天就造反了。

所以,皇帝也不傻,最喜欢太监,防着大臣将领。因为太监把整个人生都交给了皇帝,完全地依靠他。

在中国古代,这种"自废武功"的表忠心方式,还有其他形式。

有一种方式叫"送人质"。

春秋战国时,诸侯国相互结盟、交战,打得很频繁,大家都互相不信任,怎么办呢?

于是,一国为了向另一国表示诚意,会把本国的王子(或太子)送到对方国家去,作为人质,称作"质子"——那意思是:我的命根子、继承人都交给你啦!你还信不过我吗?

秦始皇(嬴政)的父亲,就是秦国作为"质子"交换到赵国去的。

当时,秦国为了和赵国结盟,赢得信任,就把本国的太子送到赵国去。太子在赵国生活多年,娶了一个小老婆,生下一个儿子，就是嬴政。嬴政自幼生长在赵国，长期被软禁。

还有一种方式是"自剪羽翼"。

晚清时期，曾国藩组建湘军，为清政府镇压了太平天国，权力迅速扩大。多年之后，灭掉了太平天国，湘军势力已覆盖整个南方，曾国藩手上握有几十万军队，完全可以与清廷抗衡了。

朝廷越来越怀疑曾国藩，对他充满不信任。曾国藩为了表示忠诚，主动上奏，请裁撤湘军，这就是"自废武功"，让上司放心。并且，还没等朝廷答复，曾国藩自己就开始裁掉三万军队，发给钱财，让他们解甲归田，回老家种地去了。

慈禧太后听说此事，那是相当的高兴，自此对曾国藩无比信任。

曾国藩后来又担任了更高级官员，一生享受殊荣，成为中国历史上著名的"功成身退"的榜样，甚至被赞誉为"三百年来第一完人"，被后世反复提及。

最大套路：还是真诚最得人心

以上列举了那么多"特殊手段"，都是技巧层面的套路，可以懂得，但要少用，切不可舍本逐末。

最大的套路，还是真诚，唯有真诚得人心。

与人相交，真诚才是根本，因为任何技巧都带有表演的成分，只要是表演，时间长了，别人都会感觉得到。

诸葛亮

诸葛亮虽然计谋奇多，精于算计，但他对上司刘备很少使用计谋。两个人在交往过程中，都是坦诚相待。所以，当刘备即将去世时，无比信任地把整个国家大权都交给诸葛亮，还把儿子们也托付给他。

让自己的几个儿子都尊称他为"相父"，意思就是"既是丞相的角色，又是父亲的角色"，这种信任是非常高的。

不仅如此，刘备还坦诚地告诉诸葛亮，如果我的儿子们不成器，你就自己来当皇帝吧，毕竟，你是能担重任的人，整个蜀国没有谁比得上你了。

谓亮曰："君才十倍曹丕，必能安国，终定大事。若嗣子可辅，辅之；如其不才，君可自取。"[2]

诸葛亮感动至极，痛哭流涕。他也没有辜负上司的重托，回报以终生的奉献，鞠躬尽瘁，死而后已。

除此之外，三国历史中，真诚的例子很多。

赵云

赵云，他于刘备危难之际，并没有逃跑，而是只身闯入敌军大营去救出刘备的儿子，刘备对他也很真诚，有个故事就很能说明。

初，先主（刘备）之败，有人言云（赵云）已北去者，先主以手戟擿之曰："子龙不弃我走也。"顷之，云至。[2]

当时敌军压境，刘备逃难，大家都走散了。有人告诉刘备："赵云舍弃您，去投降曹操了。"刘备摇头说："不会的，子龙不会弃我而走的。"果然几个时辰后，赵云回来了。领导和下属，都相互信任至极。

还有跳槽的职员，也是可以与上司真诚沟通的。

徐庶

徐庶，他从刘备公司离职走人了，去了竞争对手那边，但很坦诚地表明态度，也得到了尊重理解。

庶辞先主（刘备）而指其心曰："本欲与将军共图王霸之业者，以此方寸之地也。今已失老母，方寸乱矣，无益于事，请从此别！"遂诣曹公。[2]

意思说，曹操抓了徐庶的母亲，要挟徐庶。徐庶向上司刘备请求辞职："我本来想和您一起创业打天下的，但现在我家人被曹操抓了，我方寸大乱，无心事业，请让我辞职可以吗？"刘备见徐庶这么真诚，最终同意了。徐庶就去了曹氏集团上班。

但徐庶跳槽，并不等于对刘备不讲情谊，相反，他们相互是很真诚的，徐庶坦诚地向刘备推荐了一个大人才，便是诸葛亮。

徐庶见先主，先主器之，谓先主曰："诸葛孔明者，卧龙也。将军岂愿见之乎？"先主曰："君与俱来。"庶曰："此人可就见，不可屈致也。将军宜枉驾顾之。"由是先主遂诣亮，凡三往，乃见。[2]

徐庶说："刘总，我向您推荐一个比我更厉害的人才，叫诸葛亮,他是我的好朋友。而且只能是您去拜访他,不能让他屈尊来找您。如果您真需要招募英才,可以亲自去拜见。"刘备也很信任徐庶的话,就照着徐庶所说,以自己皇叔的身份去求见小青年诸葛亮,有了"三顾茅庐"的经典故事。

而即使后来诸葛亮、徐庶分别在两家敌对势力工作,但他们也保持了真诚交往,几十年后,诸葛亮还向曹氏集团打听徐庶的情况,写信托人表示慰问。

人生在世,不仅仅是工作利益关系,还有人们最真挚的情感连接。

关羽

最真诚的,还是曹操和关羽之间的友情。曹操本是一个奸雄,关羽又不服他,虽有短暂投降,但时刻想着离职走人,曹操也是知道的,但即使如此,曹操对待关羽依然很真诚。

乃羽杀颜良,曹公知其(关羽)必去,重加赏赐。羽尽封其所赐,拜书告辞,而奔先主于袁军。左右欲追之,曹公曰:"彼各为其主,勿追也。"[2]

曹操知道关羽一直想跳槽,但仍然提拔赏赐他。关羽不要曹操的赏赐,留下书信就辞职走人了,他要去找大哥刘备。曹操手下的将士们不答应,要去追杀关羽,曹操拦住了,说:"算啦,各为其主,让关羽走吧,都别追了。"

虽然关羽离开曹操,并且在日后的竞争中,与曹氏集团是死对头,但他心里还是记着这恩情的。在赤壁之战时,曹操战败逃难，路上遇见了关羽，此时关羽只要手起刀落，就能砍掉曹操，但他想起了老领导当年对自己的恩情，又见到老领导狼狈不堪，根本不是自己的对手，最终还是放走了曹操。

> 云长是个义重如山之人，想起当日曹操许多恩义，与后来五关斩将之事，如何不动心？又见曹军惶惶，皆欲垂泪，一发心中不忍。[1]

这便是三国著名典故"华容道"。关羽宁愿自己受罚，还是在华容道放走了竞争对手曹操，因为曹操曾经对他有恩，他心中不忍。

曹操当年对关羽这个要离职的下属很真诚，关羽现在对曹操这个落魄的老领导也很真诚，这应该是三国最感人的一段故事吧。

下属与上司，有的成为一辈子的事业伙伴，像刘备和诸葛亮；有的志向不同分道扬镳了，像曹操和关羽——但无论如何，彼此间的真诚是流传后世千年的，是最值得我们学习的。

职场实践：回顾所有的套路

这本书，教了大家很多的套路，最后，我把它们总结回顾一下，浓缩成一页纸，以便大家巩固知识。

第一招：分步呈现

（1）汇报套路：why—what—how 三步法

（2）成长套路：潜龙勿用—见龙在田—飞龙在天

（3）建议套路：上策—中策—下策

第二招：换位思考

（1）逻辑套路：前提—事实—结论

（2）人格要素：价值观—现实原因—实际做法

（3）说服套路：本能—情感—理性

第三招：关系维护

（1）关系模型：需求痛点—特殊提供—长期价值

（2）性格相处：蓝色—红色—黄色—绿色四类人

（3）关键人要素：关键岗位、跟班秘书、特殊职能、争取对象

第四招：主动出击

（1）印象力模型：矛盾冲突—参与折腾—成功解决

（2）上级要素：决策人—矛盾利益—卷入方式

（3）团队要素：群体利益—共同影响

第五招：角色定位

（1）定位套路：兴趣—能力—价值

（2）合作套路：执行—互补—链接—绑定

（3）特殊套路：挡箭牌、演一场戏、投其所好、斩断能力

参考书目

[1] 罗贯中.三国演义.浙江古籍出版社,2018
[2] 陈寿著,裴松之注.三国志